하이퍼레저 패브릭으로 배우는
블록체인

하이퍼레저 패브릭으로 배우는
블록체인

ⓒ 2018. 윤대근 All Rights Reserved

1쇄 발행 2018년 11월 30일   **2쇄 발행** 2019년 4월 19일

지은이 윤대근
펴낸이 장성두
펴낸곳 주식회사 제이펍

출판신고 2009년 11월 10일 제406-2009-000087호
주소 경기도 파주시 회동길 159 3층 3-B호
전화 070-8201-9010 / **팩스** 02-6280-0405
홈페이지 www.jpub.kr / **원고투고** jeipub@gmail.com
독자문의 readers.jpub@gmail.com / **교재문의** jeipubmarketer@gmail.com

편집부 이종무, 황혜나, 최병찬, 이 슬, 이주원 / **소통·기획팀** 민지환, 송찬수 / **회계팀** 김유미
교정·교열 장성두 / **본문디자인** 북아이 / **표지디자인** 미디어픽스
용지 에스에이치페이퍼 / **인쇄** 한승인쇄 / **제본** 광우제책사

ISBN 979-11-88621-45-3 (93000)
값 24,000원

제이펍은 독자 여러분의 아이디어와 원고 투고를 기다리고 있습니다. 책으로 펴내고자 하는 아이디어나 원고가 있는 분께서는
책의 간단한 개요와 차례, 구성과 저(역)자 약력 등을 메일로 보내주세요.
jeipub@gmail.com

하이퍼레저 패브릭으로 배우는
블록체인

ETRI 블록체인기술연구센터
윤대근 지음

차례

CHAPTER 4   프라이빗 데이터 _ 195

APPENDIX A   버추얼박스를 이용한 멀티호스트 VM 네트워크 구성 _ 203

APPENDIX B   Atom 설치 및 사용법 _ 207

APPENDIX C   crypto-config 디렉터리 구조 _ 209

블록체인 현황

4차 산업혁명 시대의 흐름에 따라 기존의 중앙화된 세상은 점점 탈중앙화된 세상으로 바뀌고 있습니다. 예를 들어, 방송국의 지위는 유튜브 등에서 활동하는 1인 방송 크리에이터로 인해 점차 하락하고 있으며, 기존 대기업의 사업 영역에 영향을 미칠 만큼 우버, 에어비엔비, 렌딩클럽 등의 공유경제 기업이 성장해 가고 있습니다. 이러한 시대를 맞이하기 위한 가장 중요한 기술 세 가지를 꼽으라면 단연 '빅데이터', '인공지능', '블록체인'이라 할 수 있습니다. 이 세 가지 기술의 공통점은 무엇일까요? 기술의 핵심이 데이터에 있다는 것일 겁니다. 빅데이터는 대량의 데이터를 효율적으로 처리하는 기술이고, 인공지능은 데이터를 이용해 기계를 똑똑하게 만들어 주는 기술이며, 마지막으로 블록체인은 여러 의견이 있겠지만 필자는 중앙 기관이 독점하고 있는 데이터의 주권을 각각의 사용자에게 돌려주는 기술이라고 생각합니다.

이러한 세 가지 기술이 모두 조화를 이루어야만 진정한 4차 산업의 시대가 완성될 수 있다고 생각합니다. 그러나 빅데이터와 인공지능은 오래전부터 많은 관심 속에서 기술의 성숙도가 무르익어 가고 있는 반면, 블록체인 기술은 현재 가지고 있는 잠재력과 장점에 비해 기술의 완성도가 아직까지는 매우 부족한 실정입니다. 대표적으로, 전 세계적으로 가장 활발하게 개발되고 있는 이더리움만 보더라도 실생활에 사용하기까지 아직 수많은 기술적 장벽들이 남아 있습니다.

시중에 블록체인 개론서와 서비스, 코인 관련 서적에 비해 기술을 다루는 책은 극히 일부라는 것을 알고 난 뒤 책을 집필하기로 마음먹었습니다. 하이퍼레저 패브릭 또한 많은 사람의 관심을 받고 있는 블록체인 플랫폼임에도 불구하고 관련 기술 서적이 현재 국내에 단 한 권도 없습니다. 이 책은 시중에 많이 출간되어 있는 블록체인 기술 개론서보다는 한 걸음 더 들어가서 하나의 대표적인 프라이빗 블록체인 플랫폼에 대한 구조를 분석하고 시스템을 직접 운영해 볼 수 있는 내용을 담고 있습니다. 이 책이 여러분이 블록체인 전문가가 될 수 있는 좋은 발판이 되었으면 하고, 더 나아가 블록체인 기술 발전에 조금이나마 이바지할 수 있게 되면 좋겠습니다.

하이퍼레저 패브릭이란?

2015년, 리눅스 재단에서는 기업용 블록체인 개발을 위해 하이퍼레저(Hyperledger) 프로젝트를 만들었는데, 오픈 소스 형태의 프로젝트로서 전 세계 기업과 개발자들이 자발적으로 기술 개발에 참여하는 프로젝트입니다. 하이퍼레저 패브릭은 가장 왕성하게 활동 중인 하이퍼레저 프로젝트로서 초기에 IBM이 제공한 44,000여 줄의 코드를 바탕으로 현재 전 세계 개발자들이 개발에 참여하고 있습니다. 허가형 프라이빗 블록체인(Permissioned and Private Blockchain) 형태로 개발되었으며, 이더리움, 비트코인 등 누구나 참여할 수 있는 퍼블릭 블록체인과는 달리 MSP(Membership Service Provider)라는 인증 관리 시스템에 등록된 사용자만이 하이퍼레저 패브릭 블록체인에 참여할 수 있습니다.

하이퍼레저의 패브릭 참여자들은 비즈니스 목적에 알맞은 형태로 블록체인 플랫폼을 구축하는 것을 목표로 개발되고 있습니다. 예를 들어 금융, 물류, 의료 등 다양한 형태의 비즈니스 데이터를 원장에 기록할 수 있으며, 비즈니스 시스템에 적합한 블록 생성 알고리즘이나 트랜잭션 보증 정책을 선택할 수도 있습니다. 또한, 채널(Channel)이라는 개념을 도입해서 블록체인 참여자들 간의 프라이버시를 강화할 수도 있습니다.

이 책의 구성

이 책은 블록체인에 대한 간략한 설명(1장), 하이퍼레저 패브릭 구조 분석(2장), 하이퍼레저 패브릭 시스템 운영 실습(3장), 프라이빗 트랜잭션(4장)으로 구성되어 있습니다.

- 1장: 블록체인에 대한 전반적인 설명과 함께 하이퍼레저 프로젝트, 하이퍼레저 패브릭을 간략하게 설명합니다.
- 2장: 하이퍼레저 패브릭을 구성하는 각각의 구성요소의 역할과 기능에 대하여 설명합니다. 다음으로, 하이퍼레저 패브릭에서 블록체인 네트워크 구축 과정을 학습한 후 구축된 블록체인 네트워크에서 트랜잭션이 처리되는 흐름에 대해 자세히 알아볼 것입니다.
- 3장: 버추얼박스로 VM을 생성한 후 실제 네트워크 환경과 유사한 멀티호스트 네트워크 환경에서 하이퍼레저 패브릭을 직접 운영해 봅니다. 하이퍼레저 패브릭에서 제공하는 도구인 cryptogen을 이용하여 시스템을 구축하는 방법, Fabric-CA를 이용하여 시스템을 구축하는 방법, 마지막으로 Intermediate CA를 포함하여 시스템을 구축하는 실습 내용을 담고 있습니다.
- 4장: 하이퍼레저 패브릭 1.2 버전에서 추가된 프라이빗 트랜잭션에 대한 설명과 개인 정보 관리 기능에 대해 알아봅니다.

이 책의 대상 독자

다음과 같은 분들이 이 책을 읽는다면 블록체인 기술을 습득하는 데 많은 도움이 되리라 생각합니다.

- 블록체인 기술을 배우고 싶은 IT 전공자
- 블록체인 플랫폼 혹은 서비스를 개발 중인 개발자
- 자신의 회사/기관 등에 블록체인 기술 적용을 고려 중인 관리자
- 그 밖에 블록체인 기술에 관심 있는 IT 업계 종사자

집필 후기 및 감사 인사

8월의 무더운 여름에 책을 쓰기 시작했는데 쌀쌀한 늦가을이 되어서야 출판이 눈앞에 보이네요. 책을 쓰기로 마음먹고 원고를 탈고하기까지 업무 시간과 약간의 수면 시간을 제외한 대부분의 시간에는 원고만 썼습니다. 이렇게 많은 노력을 기울였음에도 막상 원고를 탈고하고 나니 아쉬움이 많이 남네요. 부족하지만 이 책이 여러분을 블록체인 전문가로 만들 수 있는 좋은 입문 서적이 되면 좋겠습니다. 책의 부족한 부분에 대한 피드백은 언제든지 환영입니다. 제 이메일(myhoneydressing@gmail.com)로 연락해 주시면 빠른 시간 안에 답변드리도록 하겠습니다.

이 책은 많은 사람의 도움으로 탄생했습니다. 먼저, 원고를 멋진 책으로 편집해 주신 제이펍 출판사 관계자분들께 감사드립니다. 편집 과정에서 너무나 잘 도와주셨기 때문에 한층 더 완성도 있는 책을 출판할 수 있었습니다. 제가 ETRI 블록체인기술연구센터에 소속되지 않았다면 이 책은 세상에 나오지 못했을 겁니다. 연구에 집중할 수 있도록 항상 신경 써 주시고 부족한 저를 잘 이끌어 주시는 ETRI 블록체인기술연구센터 연구원들께도 감사드리고, 국가 IT 기술 발전을 위해 항상 노력하는 ETRI 구성원 모두에게도 감사드립니다. 그리고 이렇게 좋은 직장에 입사하여 좋은 동료들을 만나기까지 저에게 물심양면 무한한 도움을 주신 부모님께 감사드립니다.

마지막으로, 뭐든지 할 수 있는 용기를 주고 항상 옆에서 힘이 되어 주는, 서로의 정신적인 버팀목이자 사랑하는 저의 피앙세 최지혜에게도 고맙다는 말을 전합니다. "나도 지혜가 뉴욕에서 힘든 전공의 과정을 무사히 마치고 더 훌륭한 의사가 될 수 있도록 곁에서 힘이 되어 줄게!"

윤대근

추천사

박세열 _ IBM 블록체인 기술총괄(상무), 이화여자대학교 컴퓨터공학 겸임교수

IBM은 2014년 말부터 2015년 초에 블록체인 기술을 광범위하게 탐구하기 시작했습니다. 사용 가능한 모든 플랫폼, 특히 오픈소스로 제공되는 플랫폼들을 시험해 보았으며, 기업들의 블록체인 솔루션에 대한 요구사항을 더 잘 이해하기 위해 많은 기업 고객들과 개념 검증(Proof of Concept) 프로젝트를 수행하였습니다. 그 결과, 기존 플랫폼 중 어느 것도 기업들의 요구사항을 실제로 충족시키지 못한다는 결론에 이르게 됩니다. 이에 IBM은 기업들만을 대상으로 한 기업용 블록체인 기술을 개발하게 되었습니다. 또한, 블록체인 기술이 시장에서 성공하기 위해서는 이를 오픈소스로 공개해야만 한다는 것을 인지하고 있었습니다. 그래서 IBM은 리눅스 재단과 협력하여 2015년 12월에 하이퍼레저 프로젝트 조직 참여를 사전에 발표하고, 오픈 거버넌스 모델하의 프로젝트 조직 구성을 돕기 위한 예비 스폰서들을 초청했습니다. 드디어 2016년 2월에 IBM을 비롯한 30명의 초기 회원 및 11명의 프리미어 회원이 공식적으로 창립되었습니다. 이에 IBM은 2015년부터 개발해 온 자산인 44,000여 줄에 해당하는 '오픈 블록체인(Open Blockchain)' 코드를 기부하였는데, 이것이 하이퍼레저 패브릭 프로젝트의 기원이 됩니다.

이 패브릭은 퍼블릭 블록체인의 한계를 넘어 멤버십, 성능, 거버넌스, 프라이버시, 결제의 완결성 등 기업들이 활용하는 허가형 블록체인 솔루션으로 모든 산업에 적용 가능한 산업의 표준으로 자리매김할 것입니다. 또한, 글로벌 기업들의 구축 사례 대부분은 하이퍼레저 패브릭을 기반으로 적용되어 있습니다. 이제 하이퍼레저 패브릭은 가상화폐를 뛰어넘어 금융산업, 에너지산업, 식품산업, 의료산업, 제조산업 등 산업 전반에 활용되어 새로운 미래의 청사진을 제시할 것입니다.

이 책을 통해 독자들은 하이퍼레저 패브릭의 구조와 시스템 운영에 대한 개념을 쉽고 빠르게 접할 수 있을 것입니다. 또한, 풍부한 그림과 예제를 통해 하이퍼레저 패브릭의 구조를 쉽게 이해할 수 있을 것입니다. 복잡한 시스템 운영 방식이 친절한 설명과 함께 제시되어 있어 실제 다양한 상황에 적용해 보기에도 쉽습니다. 특히, 패브릭을 활용한 비즈니스 및 시스템 기획, 애플리케이션 개발, 시스템 구축 및 운용에 종사하는 사람들에게 많은 도움이 될 뿐 아니라, 패브릭에 대한 관심을 높이는 계기가 되리라 생각합니다.

인 호 _ (사)한국블록체인학회 초대 학회장, 고려대 컴퓨터학과 교수

인류 역사에 있어서 분산원장을 기반으로 한 최초의 디지털 머니인 비트코인, 이 비트코인이 중앙집권식 금융산업에서 탈중앙화된 금융산업으로 바꾸고 있습니다. 이것이 1세대 블록체인 혁명입니다. 스마트 컨트랙트를 기반으로 한 이더리움이 제3자 신뢰 방식 계약에서 탈중앙화된 계약 방식으로 다시 한번 세상을 바꾸고 있습니다. 이것이 2세대 블록체인 혁명입니다. 하지만 모든 장부를 모두가 볼 수 있는 공개형 블록체인(Public Blockchain) 기술은 영업비밀이 많은 기업에 그대로 적용할 수 없습니다. 또한, 트랜잭션에 필요한 성능을 만족시킬 수 없습니다. 따라서 이제는 프라이빗 블록체인 기술이 각광을 받기 시작했습니다. 현재 가장 앞서가고 있는 프라이빗 블록체인 기술은 IBM을 필두로 개발 중인 오픈소스 프로젝트인 하이퍼레저 패브릭입니다. 이 책은 글로벌 대표적인 프라이빗 블록체인 중 하나인 하이퍼레저 패브릭에 대해 자세히 기술되어 있습니다.

만약 독자가 하이퍼레저 패브릭이나 프라이빗 블록체인에 관심이 있다면 이 책은 큰 도움이 될 것입니다. 하이퍼레저 패브릭은 다른 블록체인 플랫폼과는 달리 시스템 구조와 사용법이 복잡하기 때문에 진입장벽이 높고, 블록체인에 해박한 지식이 없다면 이해하고 사용하는 데 많은 시간이 소요될 수 있습니다. 이 책은 하이퍼레저 패브릭에 대한 구조를 풍부한 예시와 그림으로 이해하기 쉽게 설명하고 있고, 어려운 시스템 사용법을 IT 기초 지식만 있으면 누구나 따라 하고 이해할 수 있도록 실습 예제를 담고 있습니다. 또한, 블록체인을 처음 배우려는 독자들에게도 좋은 입문서가 될 것입니다. 이 책을 통해 한국에서 더 많은 개발자, 연구자가 블록체인에 기술적 관심을 두는 계기가 되어 한국의 블록체인 기술 영향력을 확대하는 데 많은 도움이 되기를 바랍니다.

베타리더 후기

🦃 김용현(마이크로소프트MVP)

이 책은 블록체인 기술의 한 축인 하이퍼레저 패브릭에 대한 개념과 실습 환경을 친절한 설명과 예제를 통해 제공해 줍니다. 하이퍼레저 패브릭을 처음 접하거나 블록체인 기술에 대한 개념을 쉽고 간략하게 실습을 통해 익히고 싶은 분들에게 추천합니다. 깔끔한 내용과 쉬운 설명, 그리고 간결하면서 확실한 환경 설명, 모나지 않고 반드시 실행되는 실습이 매우 인상 깊었습니다. 개인적으로 조금만 더 깊은 내용을 다루거나, 아니면 응용 사례와 같은 내용이 있으면 더 좋았을 것 같기도 하지만, 초심자를 대상으로 하는 도서인 만큼 기획 의도에 충분히 부합하는 책인 것 같습니다.

🦃 김종욱(네이버)

하이퍼레저 패브릭이 무엇인지 한눈에 파악할 수 있도록 잘 정리된 책입니다. 본 도서를 통해 하이퍼레저의 개념과 용도 그리고 기존의 블록체인 방식과 무엇이 다른지를 손쉽게 파악할 수 있었습니다. 다만, 책의 수준은 어디까지나 처음 입문하는 사람의 눈높이에 맞추었기 때문에 하이퍼레저 패브릭을 어느 정도 아시는 분이라면 보다 심화된 내용을 다루는 책을 찾아 읽기를 권합니다.

🐦 박재유(LG전자)

올해의 IT 기술 트렌드는 단연 블록체인일 것입니다. 많은 사람들이 비트코인과 블록체인을 혼동하지만, 사실 블록체인이라는 기술 자체는 금융뿐만 아니라 다른 산업에도 광범위하게 응용이 가능한, 암호학 기술의 결정체라 할 수 있습니다. 하이퍼레저 패브릭은 리눅스 재단의 주도로 만들어진 오픈소스 블록체인 프로젝트입니다. 퍼블릭 혹은 프라이빗 형태로도 운영이 가능하므로, 관련 사업을 새롭게 추진하려는 분들에게 이 책이 좋은 지침서가 될 것 같습니다.

🐦 손승하(삼성전자)

리눅스 파운데이션에 의해 시작된 하이퍼레저 패브릭은 엔터프라이즈 콘텍스트에서 사용하도록 설계된 오픈소스 프로젝트입니다. 이 도서는 많은 개발자가 참여하여 빠르게 성장하고 있는 프로젝트를 쉽게 명확하게 설명하고 있습니다. 전체 구조와 동작 원리를 쉽고 빠르게 접하길 원하시는 분들에게 이 책을 추천합니다.

🐦 장성만(incowiz)

프라이빗 블록체인 플랫폼이자 다양한 산업군에 범용적으로 도입 가능한 하이퍼레저 패브릭에 대한 개념을 빠르게 잡기에 좋은 책입니다. IBM이 깃허브를 통해 제공하는 예제보다 실제 운영 구축에 필요한 사항이 세세하게 정리되어 있는 것이 이 책의 큰 장점입니다. 실제 구축 환경이 자세히 설명되어 있어서 아주 만족스러웠습니다.

제이펍은 책에 대한 애정과 기술에 대한 열정이 뜨거운 베타리더들로 하여금
출간되는 모든 서적에 사전 검증을 시행하고 있습니다.

블록체인 이해하기

1.1 블록체인이란?

하이퍼레저 패브릭(Hyperledger Fabric)을 소개하기에 앞서 블록체인(Blockchain)을 처음 접하시는 분들을 위해 블록체인의 주요 개념을 간단하게 짚고 넘어가겠습니다. 1장에서는 블록체인의 동작 방식과 핵심 구성요소인 분산원장, 스마트 컨트랙트, 합의를 간략하게 설명한 후 하이퍼레저 패브릭이 기존의 블록체인과 비교해서 어떠한 특징이 있는지 설명하겠습니다.

1.1.1 분산원장

분산원장(Distributed Ledger)은 블록체인을 구성하는 가장 중요한 요소 중 하나입니다. 또한, 블록체인을 탈중앙화된 시스템으로 만들어 주는 핵심 기술입니다. 거래 기록 등의 데이터를 저장하는 데이터베이스(원장)를 중앙화된 서버가 소유하는 것이 아니라, 블록체인에 참여하는 모든 사람이 동일한 원장을 소유하고 관리하는 기술을 일컫습니다. 기존의 시스템에서는 동일한 비즈니스 네트워크에서도 사용자마다 서로 다른 원장에 비즈니스 정보를 기록하는 것과는 달리 블록체인에서는 블록체인 사용자 모두 동일한 원장에 비즈니스 정보를 기록하고 관리합니다. 예를 들어, A 은행을 이용하는 고객들은 각각의 서로 다른 고유한

계좌(원장)를 가지고 금융 정보를 기록하는 반면, 다들 잘 알고 있는 비트코인, 이더리움 등과 같은 블록체인 플랫폼의 경우 모든 사용자에 대한 거래 기록이 하나의 비트코인 원장에 모두 기록됩니다. 하지만 이러한 구조에서는 프라이버시 문제가 발생할 수 있는데, 하이퍼레저 패브릭에서는 **채널(Channel)** 개념을 도입하여 프라이버시 문제를 해결하였습니다. 채널에 대해서는 2장에서 좀 더 자세히 다루겠습니다.

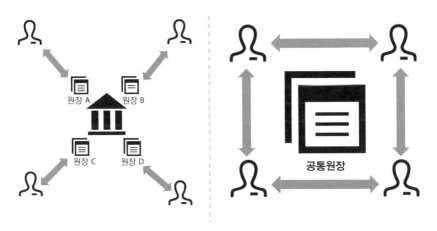

● **오늘날 비즈니스 네트워크 VS 블록체인 비즈니스 네트워크**

블록체인 분산원장의 또 다른 특징은 모든 정보가 해시화되어 Append-only 방식으로만 원장에 저장되기 때문에 한번 원장에 기록된 정보들은 절대 수정할 수 없습니다. 이와 같은 **불가변성(immutability)**의 특성은 블록체인 데이터에 대한 악의적인 변조를 불가능하게 만들어 데이터에 대한 신뢰도를 향상시켜 주는 역할을 하게 됩니다.

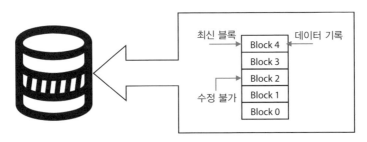

● **블록체인의 Append-only 저장 방식**

1.1.2 스마트 컨트랙트

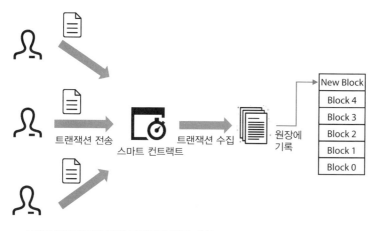

● 스마트 컨트랙트를 통한 분산원장 접근 예시

블록체인 참여자는 **스마트 컨트랙트**(Samat Contract, 스마트 계약)를 통해서 분산원장에 정보를 기록하거나 불러올 수 있습니다. 또한, 스마트 컨트랙트를 이용하여 단순히 거래 정보를 읽고 쓰는 것뿐만 아니라 프로그래밍을 통해 거래 자동화 등의 다양한 응용프로그램을 만들 수도 있습니다. 예를 들어, 그룹 공동 명의의 계좌를 만들어서 특정 인원 수 이상의 서명이 있어야 잔액을 출금할 수 있는 기능이나, 특정 날짜에 월급이 입력되는 기능 등을 스마트 컨트랙트를 통해 구현할 수 있습니다. 또한, 스마트 컨트랙트를 좀 더 편리하게 사용하기 위해 개발되는 프로그램을 **분산 애플리케이션**(Decentralized Application, DApp)이라고 하는데, 하이퍼레저 패브릭에서 스마트 컨트랙트와 분산 애플리케이션이 어떻게 동작하는지는 2장에서 좀 더 자세히 살펴보겠습니다.

1.1.3 합의

앞 절에서 블록체인에 참여하는 모든 사람이 동일한 원장을 소유해야 한다고 설명했습니다. 이러한 조건을 만족시키기 위해 비트코인과 이더리움에서는 블록체인에 참여한 모든 노드 중 암호화된 퍼즐의 답을 가장 먼저 찾아내는 노드의 블록을 최신 블록으로 업데이트하는 PoW(Proof of Work) 방식이 있습니다. EOS는 블록체인 참여자가 21명의 블록 생성자를 선출하여 선출된 블록 생성자가 최신 블록을 생성하는 DPoS(Delegated Proof of Stake) 방식을 사용합니다. 이 밖에도 대부분의 블록체인 플랫폼에서 PoW와 PoS 알고리즘을 기반으로 PBFT(Practical Byzantine Fault Tolerance), Casper PoS, RPCA(Ripple Protocol Consensus Algorithm) 등으로 변형하여 합의 과정에 사용하고 있습니다.

하이퍼레저 패브릭에서는 조금 다른 관점으로 합의 알고리즘을 정의합니다. 하이퍼레저 패브릭의 합의 과정은 PoW, PoS 혹은 BFT와 같이 합의 과정을 특정 알고리즘에 국한시키지 않고 아래 세 가지 일련의 과정을 통틀어 합의 과정이라고 말합니다.

- 보증 정책 확인
- 트랜잭션을 정해진 순서에 맞춰 정렬
- 정렬된 트랜잭션의 유효성 검증 후 최신 블록 업데이트

각 항목별로 자세한 합의 과정은 2장에서 설명할 예정입니다.

1.2 블록체인은 어떻게 사용될 수 있을까?

1.2.1 오늘날의 비즈니스 모델

오늘날 대부분의 비즈니스 모델에서는 신뢰성 있는 거래를 위해 중개자(intermediary)가 꼭 필요하게 됩니다. 현금 보유량을 증명하려면 은행이 현금 보유량에 대한 증명을 대신 해 줘야 하고, 토지 소유에 대한 증명은 부동산이 토지에 대한 증명을 대신 해 줘야만 합니다. 이렇게 중개자를 거치는 거래 방식은 높은 수수료를 유발함과 동시에 자산 증명에 많은 시간이 소요됩니다. 또한, 각각의 중개자마다 데이터를 기록하는 시스템이 모두 다르기 때문에 중개자들 간에 자산을 증명하는 작업에도 상당한 시간과 비용이 소모되고 있습니다.

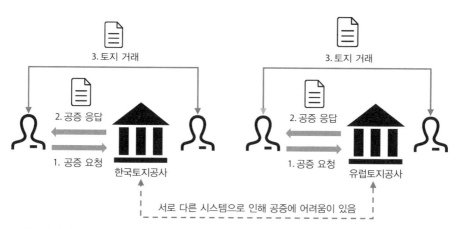

예를 들어, 한국 부동산에 등록된 토지 재산을 유럽에서 증명해야 한다고 가정해 봅시다. 먼저, 한국에서 부동산(복덕방) 등을 통해 토지에 대한 공증을 받은 후 유럽으로 관련 서류를 보내야겠죠. 한국으로부터 토지 증명 서류를 수신한 유럽에서는 다른 언어 혹은 다른 양식으로 기록된 해당 공증에 대한 확인에 큰 비용과 시간이 소요될 것입니다.

1.2.2 블록체인 비즈니스 모델

블록체인 비즈니스 모델에서는 현금 보유량이나 토지 증명 등을 중개자 없이 거래 참여자들 간에 수행할 수 있습니다. 거래 당사자들 간에 직접 수행하는 합의 알고리즘(Consensus Algorithm)을 통해 중개자 없이도 신뢰성 있는 거래가 가능하게 되는 것입니다. 또한, 원장에 한번 기록된 정보는 수정이나 변경이 불가능하여 거래 기록에 대한 신뢰성이 제공됩니다. 이러한 블록체인 비즈니스 모델에서는 중개자가 없기 때문에 중개 수수료를 절감함과 동시에 하나의 일관된 시스템에서 거래가 발생하므로 자산 증명에 대한 시간과 비용을 절약할 수 있습니다.

토지 증명
한국인
미국인
토지 증명
토지증명
공동토지원장
영국인
중국인
토지 증명

● **블록체인 비즈니스 네트워크**

1.3   하이퍼레저 패브릭 소개

1.3.1 하이퍼레저 프로젝트 소개

2015년, 리눅스 재단에서는 기업용 블록체인 개발을 위해 **하이퍼레저(Hyperledger)** 프로젝트를 만들었는데, 오픈 소스 형태의 프로젝트로서 전 세계 기업과 개발자들이 자발적으로 기술 개발에 참여하는 프로젝트입니다. IBM, Cisco, American Express, 화웨이 등 외국계 기업뿐만 아니라 카카오페이, 삼성SDS 등 국내 기업도 함께 참여하고 있습니다(2018년 기준). 하이퍼레저 프로젝트는 다음과 같이 크게 두 가지로 나뉩니다.

- 하이퍼레저 프레임워크(Hyperledger Frameworks)
- 하이퍼레저 툴(Hyperledger Tools)

하이퍼레저 프레임워크

하이퍼레저 프레임워크(Hyperledger Frameworks)는 분산원장, 스마트 컨트랙트, 합의 알고리즘 등 블록체인에 대한 원천적인 기술을 개발하는 프로젝트입니다. 대표적으로, 다음과 같은 하이퍼레저 프레임워크가 있습니다.

● 하이퍼레저 프레임워크 프로젝트 소개

프로젝트 이름	특징
HYPERLEDGER FABRIC	가장 활발하게 활동 중인 하이퍼레저 프로젝트로서 IBM이 제공한 44,000줄의 코드를 기반으로 개발되고 있습니다. MSP(Membership Service Provider) 기반의 접근 제어 기능을 제공하고, 트랜잭션을 블록에 정렬한 후 합의하는 방법으로는 현재 Solo, Kafka, SBFT(향후 개발 예정)가 있습니다.
HYPERLEDGER SAWTOOTH	Intel의 Intel Distributed Ledger를 바탕으로 개발되었으며, SGX(Secure Guard Extension)를 이용해 구현한 PoET(Proof of Elapsed Time) 합의 알고리즘을 사용합니다. 하이퍼레저 패브릭과 마찬가지로 동시 처리를 지원하고 높은 확장성과 모듈화를 추구하는 블록체인 플랫폼입니다.
HYPERLEDGER IROHA	블록 해시에 대한 투표로 합의를 수행하는 YAC(Yet Another Consensus) 합의 알고리즘 기반의 블록체인 플랫폼입니다. iOS, Android, JavaScript 등 모바일과 웹을 위한 인프라를 제공하기 때문에 블록체인 참여자들에게 간편한 거래 환경을 제공할 수 있는 것이 특징입니다.
HYPERLEDGER INDY	Sovrin foundation 주도로 개발되고 있는 블록체인 플랫폼입니다. 인터넷 환경에서 중개자 없이 신원을 제공하는 것을 목표로 개발 중인 블록체인 플랫폼입니다.
HYPERLEDGER BURROW	BFT(Byzantine Fault Tolerance) 합의 알고리즘 기반의 블록체인 플랫폼입니다. 대표적인 특징으로는 이더리움의 DApp을 Hyperledger Burrow 플랫폼에서 작동시킬 수 있습니다.

하이퍼레저 툴

하이퍼레저 툴(Hyperledger tools)은 블록체인 시스템의 성능 측정, 운영, 개발을 쉽게 할 수 있도록 도와주는 툴을 개발하는 프로젝트입니다. 대표적으로, 다음과 같은 하이퍼레저 툴이 있습니다.

● 하이퍼레저 툴 프로젝트 소개

프로젝트 이름	특징
HYPERLEDGER CALIPER	블록체인 성능 측정을 위한 프로젝트입니다. 현재 Hyperledger Fabric v1.0+, Sawtooth 1.0+ Iroha 플랫폼 성능 측정을 지원하며, TPS(Transaction Per Second), Latency, Resource utilisation 등에 대한 성능을 측정할 수 있습니다.
HYPERLEDGER CELLO	블록체인의 운영 및 관리를 위한 프로젝트로서 블록체인 플랫폼의 생명주기를 관리하고 대시보드를 통한 시스템 상태 확인과 자원 확장 등의 기능을 제공합니다. 현재는 Hyperledger Fabric v1.0까지 지원합니다.
HYPERLEDGER COMPOSER	하이퍼레저 패브릭의 애플리케이션 개발과 기존 비즈니스 시스템, 블록체인 시스템의 통합에 편의성을 제공해 주는 프로젝트입니다. Github를 통해 소스 코드를 다운로드하여 사용할 수 있고, IBM의 Bluemix 클라우드에서 서비스를 제공하기도 합니다.
HYPERLEDGER EXPLORER	IBM과 DTCC의 주도로 개발 중인 블록체인 모니터링 툴입니다. 현재는 하이퍼레저 패브릭 v1.0에 대한 모니터링을 지원하고 노드, 채널, 블록, 트랜잭션 등에 대한 모니터링을 할 수 있습니다.
HYPERLEDGER QUILT	서로 다른 원장 간 연동 프로토콜을 개발하는 프로젝트로서 Ripple과 NTT Data에서 처음 프로젝트를 시작하였습니다. 현재는 분산원장과 일반원장 사이의 지급 시스템 연동을 목표로 개발되고 있습니다.

1.3.2 하이퍼레저 패브릭 개요

이번 절에서는 본격적으로 하이퍼레저 패브릭의 구조를 공부하기 앞서 간략하게 몇 가지 특징을 설명하겠습니다.

하이퍼레저 패브릭은 가장 왕성하게 활동 중인 하이퍼레저 프로젝트로서, 초기에 IBM이 제공한 44,000여 줄의 코드를 바탕으로 현재 약 30여 개의 조직에서 개발에 참여하고 있습니다. **허가형 프라이빗 블록체인(Permissioned and Private Blockchain)** 형태로 개발되었으며, 이더리움, 비트코인 등 누구나 참여할 수 있는 퍼블릭 블록체인과는 달리 **MSP(Membership Service Provider)**라는 인증 관리 시스템에 등록된 사용자만이 하이퍼레저 패브릭 블록체인에 참여할 수 있습니다. MSP와 관련해서는 2.1.9 'Identity' 절과 2.1.10 'MSP' 절에서 자세히 설명하겠습니다.

하이퍼레저의 패브릭 참여자들은 비즈니스 목적에 알맞은 형태로 블록체인 플랫폼을 구축할 수 있습니다. 예를 들어 금융, 물류, 의료 등 다양한 형태의 비즈니스 데이터를 원장에 기록할 수 있으며, 비즈니스 시스템에 적합한 블록 생성 알고리즘이나 트랜잭션 보증 정책을 선택할 수도 있습니다. 또한, **채널(Channel)**이라는 개념을 도입해서 블록체인 참여자들 간의 프라이버시를 강화할 수 있습니다.

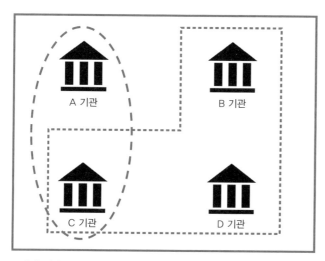

● **채널 개념 예시**

모든 사용자가 동일한 원장을 가지고 모든 정보를 공유할 수 있을 뿐만 아니라, 비즈니스에 민감한 내용을 공유하고 싶은 참여자들 간에만 채널을 통해서 별도의 원장을 생성하여 정보를 공유할 수도 있습니다. 위 그림에서 보는 바와 같이 모든 조직이 거래하는 공동 거래 채널이 존재할 수 있고, 또한 A-C 기관과 B-C-D 기관만이 거래 내용을 공유할 수 있는 부동산/금융 채널도 생성할 수 있습니다.

> **NOTE**
>
> 위 예제에서 C 기관은 부동산 거래 채널과 금융 거래 채널의 데이터를 모두 사용할 수 있지만, 서로 다른 채널 간의 분산원장 전달은 불가능합니다. 예를 들어, A 기관으로부터 받은 원장을 B 와 D 기관으로 전달할 수 없고 반대의 경우도 마찬가지입니다.

하이퍼레저 패브릭의 **원장(Shared Ledger)**은 다음과 같이 두 가지 구성요소로 이루어져 있습니다.

- 월드 스테이트(World state)
- 블록체인(Blockchain)

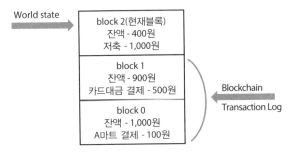

● 원장 구조 예시

월드 스테이트(World state)는 원장의 현재 상태를 말합니다. 은행 잔고를 예로 들면, 현재 가지고 있는 금액이 바로 World state입니다. **블록체인(Blockchain)**은 원장의 전체 기록을 일컫습니다. 마찬가지로 은행을 예로 들면, 계좌를 만든 후부터 현재까지 결제한 모든 기록이 바로 블록체인입니다. 은행과 블록체인의 다른 점은 은행은 본인 계좌의 현재 상태와 거래 기록밖에 확인할 수 없지만, 블록체인은 모든 참여자 계좌의 현재 상태와 결제 기록을 확인할 수 있다는 점입니다(블록체인의 이러한 특성 때문에 하이퍼레저 패브릭은 채널 개념을 도입하여 채널에 참여한 사용자의 정보만을 확인할 수 있도록 프라이버시를 강화하였습니다.)

하이퍼레저 패브릭에서 스마트 컨트랙트는 **체인코드(Chaincode)**에 쓰여집니다. 체인코드는 기존의 스마트 컨트랙트와 같이 원장에 데이터를 읽고 쓰기 위해 사용될 수 있습니다. 다만, 스마트 컨트랙트와의 차이점은 **시스템 체인코드(System chaincode)**라는 특수한 체인코드를 이용하여 블록체인 시스템 설정이 가능하다는 특징이 있습니다. 체인코드에 대한 내용은 2장에서 좀 더 자세하게 다루겠습니다. 참고로, 체인코드는 현재 Go와 Node.js 언어를 지원하고 있습니다.

블록체인의 합의 알고리즘은 IT 관련 학계에서 활발하게 연구가 이루어지고 있습니다. PBFT(Practical Byzantine Fault Tolerance) 알고리즘은 블록체인 네트워크의 전체 노드가 n개라고 가정했을 때 악의적인 노드가 (n-1)/3개 이하면 정상적인 합의를 이끌어 낼 수 있는 알고리즘입니다. 비트코인과 이더리움 등은 블록체인 네트워크의 모든 노드가 동시에 암호화된 수학 퍼즐을 푸는 작업을 수행하여 가장 빠른 시간 안에 답을 찾아낸 노드가 자신의 원장을 새로운 공동 원장이라고 전파하여 합의를 진행하는 알고리즘입니다. 하이퍼레저 패브릭의 합의 알고리즘은 PBFT나 비트코인의 PoW(Proof of Work) 등의 합의 방식과는 달리, 트랜잭션의 생성부터 새로운 블록 생성까지 모든 과정을 통칭해서 합의 과정이라고 말합니다. 하이퍼레저 패브릭의 합의 방식도 2장에서 좀 더 자세히 설명하겠습니다.

1.3.3 하이퍼레저 패브릭 특징

하이퍼레저 패브릭의 대표적인 특징은 다음과 같습니다.

- 프라이버시와 기밀성
- 작업 구간별 병렬 처리
- 체인코드
- 모듈화된 디자인

하이퍼레저 패브릭은 블록체인 참여 조직 간에 채널 개념을 도입하여 **프라이버시와 기밀성**을 제공합니다. 예를 들어, 블록체인 참여 기업 중 특정 정보를 특정 회사에만 공유하고 싶은 경우를 가정해 봅시다. 해당 기업들은 정보를 공유하고 싶은 회사와 협정을 맺은 후 채널을 생성하여 정보를 공유할 수 있습니다. 같은 블록체인 네트워크에 있다고 하더라도 채널에 소속되지 않은 조직은 채널의 거래 내용을 확인할 수 없습니다.

● **하이퍼레저 패브릭의 3단계 데이터 처리 과정**

하이퍼레저 패브릭에서는 트랜잭션의 생성부터 합의하는 과정까지 단계별로 분리하여 처리할 수 있습니다. 첫 번째 **실행(Execute)** 단계에서는 트랜잭션을 실행하고 결괏값을 검증하는 작업을 수행합니다. 두 번째 단계인 **정렬(Order)** 단계에서는 실행 단계에서 검증이 끝난 트랜잭션을 취합하여 순서에 맞게 정렬한 후 블록을 생성하는 작업을 수행합니다. 마지막으로, **검증(Validation)** 과정에서는 블록에 포함된 모든 트랜잭션에 대한 결괏값 검증을 수행하고, 각종 디지털 인증서 등을 확인한 후 이상이 없을 시 최신 블록을 업데이트하게 됩니다. 이처럼 작업을 분리하여 처리하게 되면 트랜잭션을 실행하고 검증하는 노드와 트랜잭션을 정렬하는 노드의 부하를 줄일 수 있고, 동시에 두 가지 이상의 작업을 수행하는 병렬 처리가 가능하기 때문에 시스템의 성능 또한 향상하게 됩니다.

체인코드는 기존 블록체인의 스마트 컨트랙트와 동일한 기능을 가지고 있으며, Go와 Node.js를 이용해서 다양한 형태의 응용프로그램으로 개발될 수 있습니다. 또한, **시스템 체인코드**는 트랜잭션의 보증, 블록 검증, 채널 설정 등 시스템 레벨에서의 설정이 필요할 때 사용되는 체인코드입니다.

마지막으로, 하이퍼레저 패브릭은 시스템 구축 시 인증, 합의 알고리즘, 암호화 등의 기능을 참여자들이 원하는 형태로 선택해서 블록체인을 운영할 수 있도록 모듈화된 디자인을 지원합니다. 이와 같이 모듈화된 디자인은 하이퍼레저 패브릭 블록체인을 다양한 비즈니스 모델에 맞추어 개발할 수 있는 유연성을 제공합니다.

하이퍼레저 패브릭 핵심 분석 2

2.1 하이퍼레저 패브릭 구성요소

2.1.1 Peer

peer는 하이퍼레저 패브릭 블록체인을 구성하는 네트워크 노드 중 하나입니다. 앞 장에서 블록체인의 가장 중요한 세 가지 요소는 바로 분산원장, 스마트 컨트랙트, 합의라고 설명했었습니다. 이 중에서 분산원장과 스마트 컨트랙트를 peer가 관리하는 역할을 수행합니다. 하이퍼레저 패브릭 블록체인 참여자는 peer에 설치된 스마트 컨트랙트를 호출하여 분산원장에 저장된 정보에 접근할 수 있습니다. 이번 절에서는 peer의 시점에서 분산원장과 스마트 컨트랙트가 어떻게 동작하는지 알아보겠습니다.

> **NOTE**
>
> 하이퍼레저 패브릭에서는 스마트 컨트랙트라는 용어 대신 체인코드 (Chaincode)라는 용어를 사용합니다. 그리하여 이 책에서도 앞으로 스마트 컨트랙트 대신 체인코드라는 용어를 사용하겠습니다.

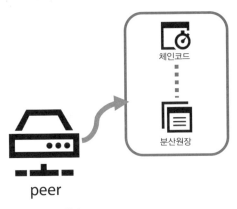

• peer 노드 개념도

위 그림과 같이 분산원장과 체인코드는 peer에 저장되고 설치되기 때문에 하이퍼레저 패브릭 참여자는 peer를 통해서만 분산원장과 체인코드에 접근할 수 있습니다.

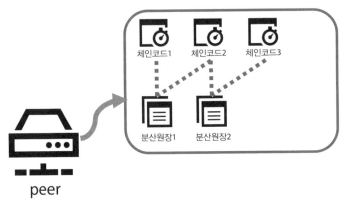

• 여러 개의 체인코드와 원장을 소유한 peer 노드

필요에 따라서 peer는 복수 개의 분산원장과 체인코드를 가질 수도 있습니다. 위 그림에는 하나의 peer가 2개의 분산원장과 3개의 체인코드를 각각 호스팅하고 있습니다. 체인코드1은 분산원장1에 데이터를 저장하고 읽어오는 데 사용되고, 체인코드3은 분산원장2에 데이터를 저장하고 읽어오는 데 사용됩니다. 또한, 체인코드2처럼 분산원장1과 분산원장2 모두 접근하여 데이터를 기록하고 읽어올 수 있게 개발할 수도 있습니다.

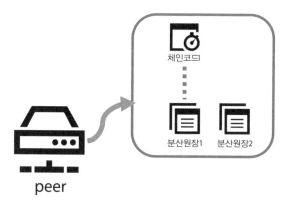

● 분산원장1만 접속 가능한 체인코드를 소유한 peer 노드

위의 그림처럼 분산원장에 접근 가능한 체인코드가 없는 경우도 가능합니다만 하이퍼
레저 패브릭 공식 문서에서는 권장하지 않는 설정입니다. 공식 문서에서는 하나의 peer
에서 최소 한 개 이상의 분산원장과 체인코드 호스팅을 권장하고 있습니다.

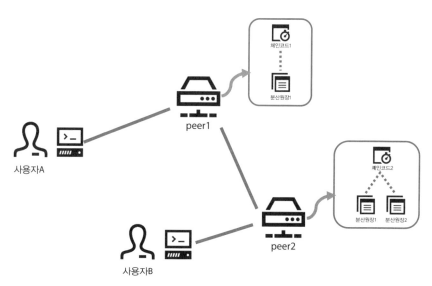

● peer 노드 네트워크 예시

마지막으로, 앞의 그림을 토대로 peer 네트워크가 어떻게 작동하는지 설명하겠습니다.

peer1은 체인코드1과 분산원장1을 호스팅하고 있고, peer2는 체인코드2와 분산원장1, 분산원장2를 호스팅하고 있습니다. 또한, 사용자A는 peer1에 연결되어 있으며 체인코드1을 통해 분산원장1에 데이터를 기록하거나 읽어올 수 있고, 만약 데이터를 기록하는 작업을 요청한다면 뒷장에서 설명할 orderer 노드와 함께 합의 과정을 진행하여 분산원장1을 업데이트하게 됩니다. 사용자B는 peer2에 연결되어 있습니다. 사용자B는 체인코드2를 통해 분산원장1과 분산원장2에 모두 접근하여 데이터를 기록하거나 읽어올 수 있으며, 분산원장에 데이터를 기록하는 경우 마찬가지로 합의 과정을 통해 분산원장을 업데이트할 수 있게 됩니다

2.1.2 Chaincode

블록체인의 핵심은 한번 기록된 데이터는 위/변조가 불가능한 분산원장에 있습니다. 하이퍼레저 패브릭에서는 분산원장에 데이터를 기록하거나 읽기 위해서 **체인코드(Chaincode)**가 필요한데, 주로 비즈니스 모델에 맞는 분산 애플리케이션(DApp)과 함께 개발되어 사용됩니다.

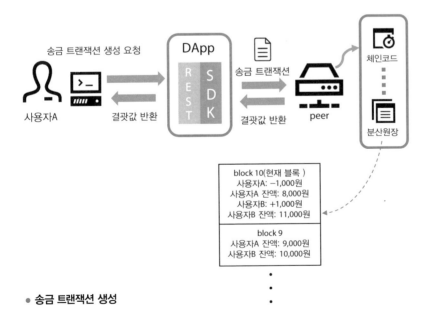

• **송금 트랜잭션 생성**

예를 들어, 사용자A가 사용자B에게 1,000원을 송금하는 트랜잭션을 분산 애플리케이션을 이용하여 생성한 후 체인코드로 전달하면 체인코드는 분산원장에 있는 사용자A의 계좌 잔액 기록을 1,000원을 뺀 금액으로 수정하고, 사용자B의 계좌 잔액 기록에서는 1,000원을 더한 금액으로 수정하게 됩니다.

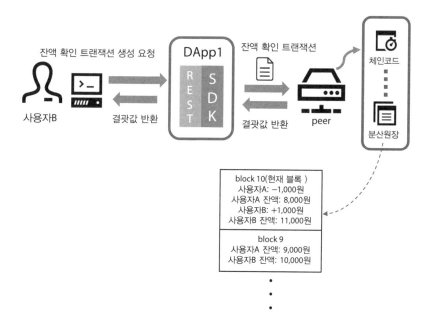

• **잔액 확인 트랜잭션 생성**

마찬가지로, 사용자B는 잔액을 확인하는 트랜잭션을 분산 애플리케이션을 통해 생성한 후 체인코드로 전달하면 체인코드는 분산원장에 있는 사용자B의 잔액 기록을 반환하여 사용자B에게 전달해 줍니다.

시스템 체인코드

퍼블릭 블록체인의 스마트 컨트랙트와는 달리 하이퍼레저 패브릭은 **시스템 체인코드** (System chaincode)라는 특수한 체인코드가 있습니다. 시스템 체인코드는 애플리케이션 레벨에서 원장에 접근하는 일반적인 체인코드와는 달리 하이퍼레저 패브릭의 시스템 레벨에서 수행되는 체인코드입니다. 시스템 체인코드는 하이퍼레저 패브릭 상에서 기본적으로 제공하는 체인코드이며, 다음과 같이 다섯 종류의 시스템 체인코드가 있습니다.

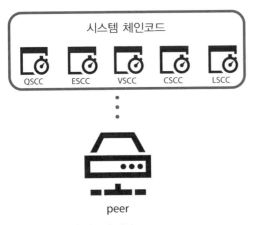

● **peer에 설치된 시스템 체인코드**

- QSCC(Query System ChainCode)

- ESCC(Endorsement System ChainCode)

- VSCC(Validation System ChainCode)

- CSCC(Configuration System ChainCode)

- LSCC(Lifecycle System ChainCode)

QSCC, CSCC, LSCC는 사용자에 의해 CLI 명령어로 실행될 수 있고, ESCC, VSCC는 각각 Endorsing peer(트랜잭션의 보증을 담당하는 peer)와 Committing peer(블록에 대한 검증을 담당하는 peer)에 의해 실행됩니다(3.2절의 실습 과정에서 peer의 터미널에 VSCC, ESCC 실행 관련 로그를 보여주는 것을 확인할 수 있습니다).

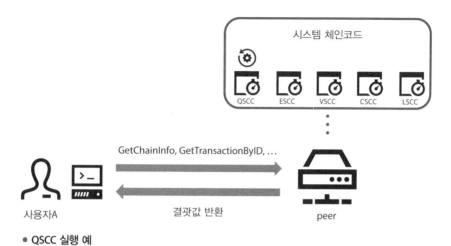

GetChainInfo, GetTransactionByID, ...

결괏값 반환

사용자A

peer

● QSCC 실행 예

QSCC는 블록체인의 저장된 데이터를 읽어올 때 사용되는 시스템 체인코드입니다. 채널 구성원은 CLI 명령어를 통해 블록 번호, 블록의 해시값, 트랜잭션 ID 등 다양한 입력 값을 통해 데이터를 읽어올 수 있습니다.

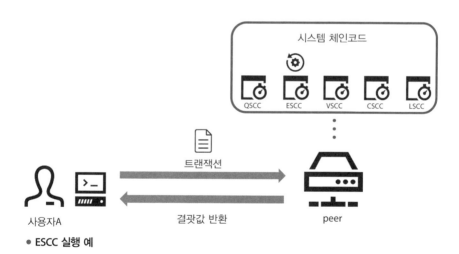

트랜잭션

결괏값 반환

사용자A

peer

● ESCC 실행 예

ESCC는 보증 정책을 담당하는 시스템 체인코드입니다. Endorsing peer는 ESCC를 통해 사용자의 트랜잭션 실행 결괏값을 비교해 보고 결괏값이 올바르면 자신의 인증서를 통해 해당 트랜잭션 결괏값에 대한 보증을 합니다. 기본적으로 시스템에서 제공하는 ESCC 체인코드를 사용하지만 필요에 따라서 사용자의 비즈니스 로직에 맞게 수정해서 사용할 수 있습니다.

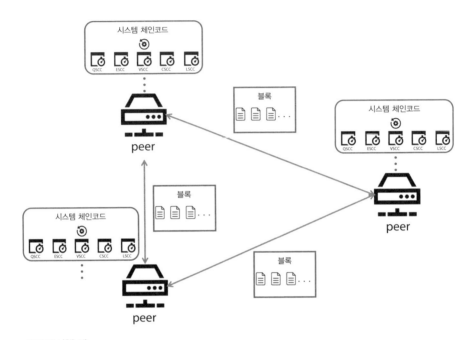

● VSCC 실행 예

VSCC는 블록을 검증할 때 사용되는 시스템 체인코드입니다. Committing peer는 VSCC를 실행하여 트랜잭션의 Read/Write Set과 보증 정책에 맞게 Endorsing peer의 디지털 인증서의 존재 여부를 확인하는 작업을 수행합니다. 마찬가지로, 기본적으로 시스템에서 제공하는 VSCC 체인코드를 사용하지만 필요에 따라서 사용자의 비즈니스 로직에 맞게 수정해서 사용할 수 있습니다.

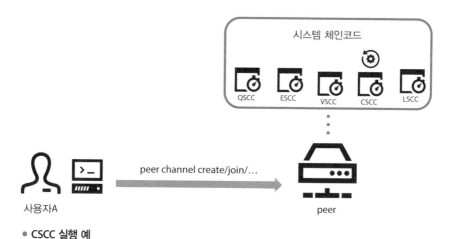

● **CSCC 실행 예**

CSCC는 채널 설정 시 사용되는 시스템 체인코드입니다. CSCC는 블록에 대한 정보를 읽어오거나 수정할 수 있으며, peer를 채널에 참여시키는 기능 등을 제공합니다. 3절 실습에서 사용되는 'peer channel create/join' 등의 명령어를 통해 CSCC를 실행시킬 수 있습니다. CSCC는 실행 후 꼭 사용자에게 결괏값을 반환할 필요가 없습니다.

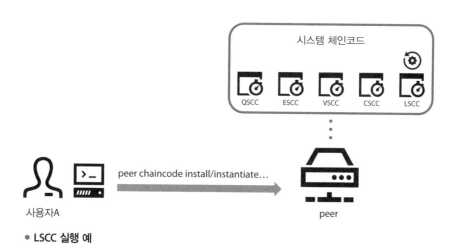

● **LSCC 실행 예**

마지막으로, **LSCC**는 체인코드의 설치부터 인스턴스화까지 모든 일련의 과정을 수행하는 데 사용되는 체인코드입니다. 3장 실습에서 사용되는 'peer chaincode install/instantiate' 등의 명령어를 통해 LSCC를 실행시킬 수 있습니다. 마찬가지로, LSCC도 실행 후 꼭 사용자에게 결괏값을 반환할 필요가 없습니다.

2.1.3 DApp

블록체인 참여자는 체인코드를 통해서 분산원장에 데이터를 기록하거나 읽어올 수 있다고 설명해 드렸습니다. 이러한 체인코드는 체인코드 그 자체로도 사용될 수 있지만, 대부분의 경우 비즈니스 모델에 맞는 **분산 애플리케이션(DApp)**과 함께 개발되어 사용됩니다.

모바일 환경에서 사용되는 애플리케이션은 모바일 애플리케이션이고, 기존 인터넷에서 사용되는 애플리케이션을 인터넷 애플리케이션이라고 부르는 것처럼, 분산 애플리케이션은 말 그대로 사용자가 분산 환경에서 비즈니스 거래 등을 편리하게 해 주기 위해 사용되는 애플리케이션을 통칭하는 단어입니다. 하이퍼레저 패브릭에서는 분산 애플리케이션 개발을 위해 다양한 종류의 SDK(Software Development Kit)를 제공하고 있습니다. 개발자는 SDK를 통해서 트랜잭션을 생성하고 체인코드 함수를 불러오는 등의 여러 기능을 좀 더 쉽게 개발할 수 있습니다. 이번 절에서는 분산 애플리케이션이 peer와 함께 어떻게 동작하는지를 알아보겠습니다.

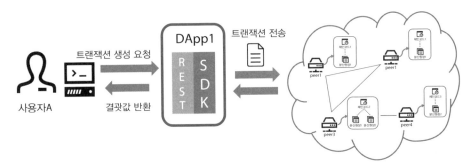

● **분산 애플리케이션과 하이퍼레저 패브릭 네트워크의 연동 개념도**

그림에서 보는 것처럼 사용자A는 분산 애플리케이션을 통해서 peer 네트워크에 설치된 체인코드를 실행할 수 있습니다. 체인코드의 기능은 크게 읽기(query)와 쓰기(write/update) 두 종류의 함수로 구분할 수 있는데, 읽기 함수는 5단계 과정을 거쳐서 실행되고 쓰기 함수는 9단계 과정을 거쳐서 실행됩니다. 읽기 작업은 작업을 수행함과 동시에 바로 결괏값을 수신받을 수 있지만, 쓰기 작업은 좀 더 복잡한 과정을 거쳐 일정 시간이 경과된 후에야 결괏값이 반영됩니다. 그렇다면 읽기와 쓰기 함수의 실행 과정에 어떤 차이점이 있는지 알아보겠습니다.

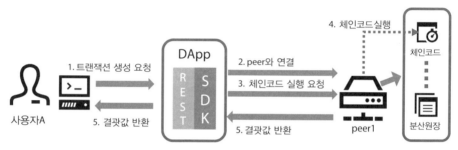

● **분산 애플리케이션을 통한 분산원장 데이터 읽기 과정**

위 그림은 하이퍼레저 패브릭에서 분산원장의 데이터를 읽어오는 과정을 나타내고 있습니다. 사용자A는 peer 네트워크의 peer1과 연결되어 있다고 가정하겠습니다. 먼저, 분산 애플리케이션은 분산원장에 접근하기 위해서 사용자A의 인증서를 이용해서 인증 과정을 통과한 후 peer1과 연결합니다. 정상적으로 연결되고 난 후 분산 애플리케이션은 peer1에 설치된 체인코드의 query 함수를 호출합니다. 마지막으로, peer1은 요청받은 체인코드의 query 함수를 실행하여 자신의 **로컬 저장소**에 저장되어 있는 분산원장의 데이터를 분산 애플리케이션에 전달해 줍니다. 데이터 읽기 과정에서는 분산 애플리케이션으로부터 Query 함수 실행을 요청받은 peer1 외 다른 peer는 Query 함수 실행을 위한 어떠한 동작도 하지 않습니다.

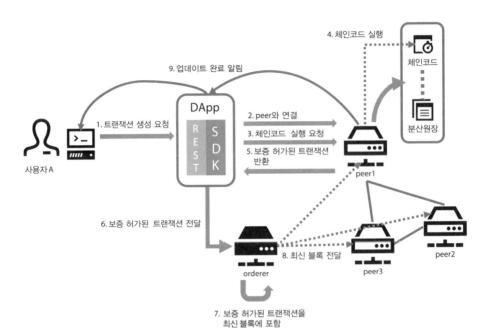

- **분산 애플리케이션을 통한 분산원장 업데이트 과정**

위 그림은 하이퍼레저 패브릭에서 분산원장에 데이터를 기록하는 과정을 나타내고 있습니다(그림이 조금 복잡하지만 하나하나 살펴보시면 그리 어렵지 않을 것입니다). 분산원장에 데이터를 기록하는 작업은 데이터를 읽어오는 작업과는 달리 peer 간 합의 과정이 필요하기 때문에 읽기 함수를 호출받은 peer1뿐만 아니라 모든 peer가 쓰기 과정에 참여해야만 합니다. 9단계 중 앞의 4단계는 query 함수 대신 update 함수를 호출하는 것 외에는 데이터를 읽어오는 과정과 동일하기 때문에 앞 단계는 생략하고 5단계부터 설명하겠습니다.

- **peer1의 디지털 인증서와 트랜잭션 시뮬레이션 결괏값 전달**

분산원장에 데이터를 기록하기 위해서는 보증 정책을 충족시켜야 합니다. 5단계에서는 peer1이 트랜잭션 입력값에 대한 결괏값과 보증 정책을 확인하는 작업을 수행합니다. 트랜잭션 실행 결괏값이 정상적이고 peer1의 보증 조건을 충족시키면 peer1은 결괏값과 함께 peer1의 디지털 인증서를 분산 애플리케이션에 전달합니다.

> **NOTE**
>
> 보증 정책에 따라서 하나의 peer에게 허가를 받거나 여러 대의 peer로부터 허가를 받아야 하는 경우가 생길 수도 있는데, 이는 보증 정책 절(2.1.4절)에서 자세히 설명하겠습니다.

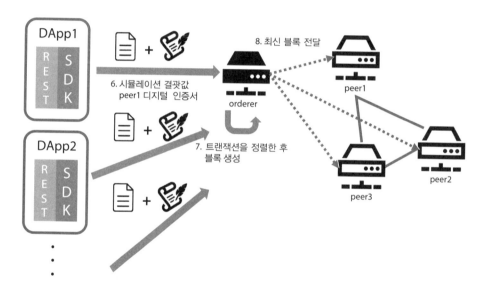

● **orderer가 트랜잭션을 모아서 peer에게 최신 블록을 전달하는 과정**

분산 애플리케이션은 트랜잭션 결괏값과 peer1의 디지털 인증서와 함께 트랜잭션을 orderer 노드로 전송합니다. orderer 노드는 자신이 속한 네트워크에서 발생한 모든 트랜잭션을 수신하게 됩니다. orderer는 수신한 트랜잭션을 순서에 맞게 정렬하여 블록체인의 최신 블록을 생성하고, 생성한 블록을 자신이 속한 네트워크의 모든 peer에게 전달합니다.

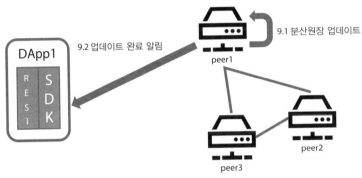

● 분산원장 업데이트 후 분산 애플리케이션에 업데이트 완료 알림 과정

최신 블록을 전달받은 모든 peer는 해당 블록에 포함된 모든 트랜잭션에 대한 결괏값과 인증서를 검증하는 작업을 수행합니다. 검증 과정에서 문제가 없을 시 자신의 로컬 저장소에 저장된 분산원장을 업데이트합니다. 마지막으로, peer는 블록 업데이트 결과를 분산 애플리케이션에 알려주는 것을 끝으로 분산원장 업데이트 과정을 완료합니다.

2.1.4 Endorsement Policy

앞 절에서 언급한 **보증 정책(Endorsement Policy)**에 대하여 좀 더 알아보겠습니다. 보증 정책은 트랜잭션을 생성하는 클라이언트(분산 애플리케이션)와 peer 간에 작용합니다. 트랜잭션이 블록에 포함되기 위해서는 보증 정책에 지정된 peer의 허가를 받아야만 하는데, 만약 트랜잭션이 보증 정책을 충족시키지 못한다면 peer가 블록을 검증하는 과정에서 해당 트랜잭션을 블록에 포함하지 않습니다.

다음 예제를 통해 보증 정책을 어떻게 설정할 수 있는지 알아보겠습니다. 우선, 다음과 같이 7대의 peer가 구성되어 있다고 가정해 봅시다.

보증 그룹 = {peer1, peer2, peer3, peer4, peer5, peer6, peer7}

이러한 조건에서 Endorsement Policy를 다음과 같이 설정할 수 있습니다.

- 보증 그룹의 모든 peer의 디지털 인증서를 획득해야 함
- 보증 그룹의 peer 중 1대의 peer의 디지털 인증서를 획득해야 함
- {peer1 OR peer2} AND {any two of peer5, peer6, peer7}

다음과 같이 그룹 구성원에 가중치를 두고 보증 정책을 설정할 수도 있습니다.

보증 그룹 = {peer1 = 15, peer2 = 10, peer3 = 25, peer4 = 20, peer5 = 10, peer6 = 10, peer7 = 10}

- 가중치 합계 50 이상의 peer들로부터 디지털 인증서를 획득해야 함
- {peer1 OR peer3} AND {가중치 40 이상}

이와 같이 하이퍼레저 패브릭 블록체인 참여자들은 다양한 방식의 보증 정책 설정을 통해 비즈니스의 보안성, 신뢰성 등을 강화할 수 있습니다.

2.1.5 Organization

하이퍼레저 패브릭은 비즈니스의 이해관계가 맞는 다수의 기업이나 기관 등의 조직이 함께 구축하는 프라이빗 블록체인이라고 설명했습니다. 이번 절에서는 이러한 조직들

이 하이퍼레저 패브릭을 이용하여 어떻게 블록체인 네트워크를 구축하는지 알아보겠습니다.

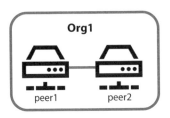
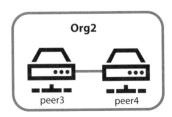
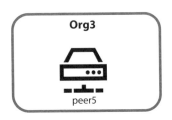
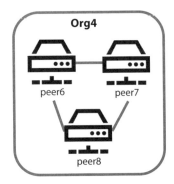

● **하이퍼레저 패브릭 조직 개념도**

위 그림을 통해 다수의 조직이 어떻게 하이퍼레저 패브릭 네트워크를 구축하는지 예를 들어 보겠습니다. 그림에는 4개의 조직(Org1~4)이 하이퍼레저 패브릭을 통해 비즈니스 네트워크를 구축하였습니다. 각 조직은 자신의 데이터센터에 peer 노드를 설치하였습니다. 트랜잭션 보증과 블록에 대한 검증을 하는 peer 노드를 각 조직마다 소유하고 있기 때문에 어느 한 조직에서 분산원장에 대한 기록을 독단적으로 변경하거나 조작하는 것이 불가능하게 됩니다. 이러한 특징이 하이퍼레저 패브릭을 탈중앙화 네트워크로 만들어 주는 핵심 요소라고 할 수 있습니다.

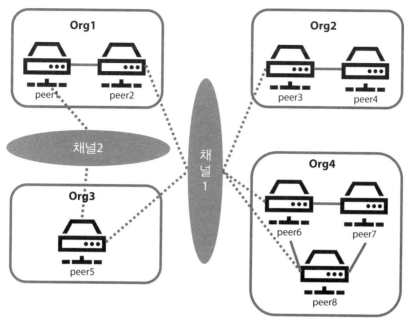

● 조직 간 채널을 통한 연결 개념도

하이퍼레저 패브릭의 분산원장은 각 채널당 하나씩 존재합니다. 그리고 분산원장은 채널에 소속된 peer 간 데이터 공유를 위해서 사용됩니다. 위 그림에서 peer1은 채널2의 분산원장 하나를 가지고 있고, peer2, peer3, peer6, peer8은 채널1의 분산원장 하나를 가지고 있으며, peer5는 채널1과 채널2의 2개의 분산원장을 가지고 있습니다. 그리고 나머지 peer들은 현재 소속된 채널이 없는 상태이므로 분산원장을 소유하고 있지 않습니다.

하이퍼레저 패브릭 블록체인에 참여한 조직들은 데이터를 공유하기 위해 채널을 생성해야만 하는데, 위 그림처럼 모든 Org가 한 대 이상의 peer를 채널1에 참여시켜 데이터를 공유할 수도 있고, Org1과 Org3만 서로의 데이터를 공유할 수 있는 채널2를 생성할 수도 있습니다. 그리고 예상한 대로 서로 다른 채널에 있는 peer 간에는 서로 다른 분산원장에 대한 정보를 공유할 수 없습니다. 예를 들면, peer5는 채널2의 분산원장 정보를 채널1에 소속된 peer에게 공유할 수 없습니다.

각 조직마다 동일하거나 다른 종류의 분산 애플리케이션을 가질 수 있습니다. 분산 애플리케이션은 사용자가 분산원장에 접근하는 방식을 정의하는 프로그램이기 때문에 각 조직의 비즈니스 모델에 맞게 개발하여 사용할 수 있습니다. 예를 들어, 채널1이 조직 간 금융 업무를 위한 채널이라면 채널1에 참여한 조직은 금융 관련 분산 애플리케이션을 개발하여 업무를 수행할 수 있고, 채널2는 조직 간 물류 상태 정보를 공유하는 채널이라면 물류 상태 정보 공유를 위한 분산 애플리케이션을 개발하여 업무를 수행할 수 있습니다.

2.1.6 Channel

지금까지 peer 노드, 체인코드, 분산 애플리케이션, 그리고 조직에 대하여 살펴보았습니다. 이번 절에서는 앞서 배운 구성요소들이 채널을 통해서 어떻게 통신하는지 알아보겠습니다.

peer 간의 통신은 채널을 통해서만 이루어집니다. 앞 절에서 설명하였듯이, 모든 조직이 채널을 통해 정보를 공유할 수도 있고 또는 비즈니스 이해관계가 맞는 일부 조직들 간에만 추가로 채널을 생성하여 정보를 공유할 수도 있습니다. 그리고 각 채널마다 하나씩 분산원장이 존재하게 되는데, 이더리움 등 모든 블록체인 구성원이 분산원장에 접근할 수 있는 퍼블릭 블록체인과는 달리 하이퍼레저 패브릭에서는 채널에 참여한 조직의 구성원만이 해당 채널의 분산원장에 접근할 수 있습니다. 즉, 기존의 퍼블릭 블록체인에서 제공할 수 없었던 데이터의 기밀성을 채널을 통해 제공할 수 있는 것입니다.

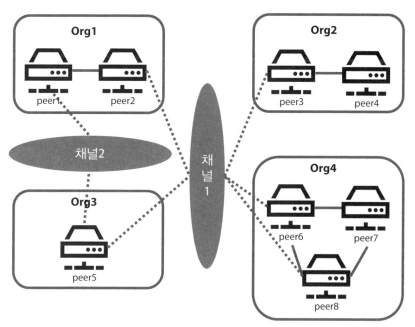

● 조직 간 채널을 통한 연결 개념도

앞 절에서 나왔던 그림을 다시 보면, 모든 Org가 서로의 데이터를 공유하는 채널1을 생성할 수도 있고 Org1과 Org3만 데이터를 공유하는 채널2를 생성할 수도 있습니다.

채널 생성은 **CSCC(Configuration System ChainCode)**를 호출하여 생성할 수 있습니다. 채널 생성 시 해당 채널에서 사용될 분산원장의 genesis block이 생성됩니다. genesis block 에는 채널의 구성원, 채널 정책, 각 peer의 역할 등과 같은 설정이 포함되어 있습니다. 채널 정책에 의해 지정된 peer와 사용자는 해당 채널의 분산원장을 이용해 데이터를 공유할 수 있게 됩니다.

2.1.7 Ledger

이번 절에서는 블록체인의 핵심인 **분산원장(Distributed Ledger)**에 대해서 알아보겠습니다. 디지털 세계의 원장을 알아보기에 앞서 현실 세계의 원장은 어떤 구조인지 한번 알아보겠습니다. 은행을 예로 들면, 은행에서의 원장은 현재 잔액과 통장 개설 시점부터 현재까지의 입/출금 기록 두 가지로 구분할 수 있습니다. 하이퍼레저 패브릭은 이러한 현실세계의 원장을 바탕으로 분산원장을 설계했는데, 하이퍼레저 패브릭의 분산원장도 현재 상태를 나타내는 **World state**, 원장의 생성 시점부터 현재까지의 사용 기록을 저장하는 **블록체인(Blockchain)** 두 가지로 구분할 수 있습니다.

NOTE

은행의 경우 계좌 주인 마다 서로 다른 개인 원장을 가지고 있는 구조인 반면에 하이퍼레저 패브릭 분산원장의 경우 채널 구성원들의 모든 정보가 통합된 하나의 공동 원장을 관리하는 구조입니다.

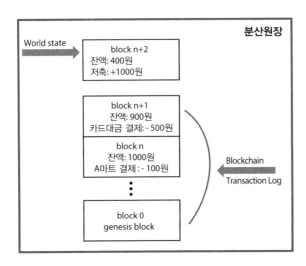

● **분산원장 구조 예**

위 그림을 한번 보겠습니다. World state는 분산원장의 현재 값을 나타내고 있고, 블록체인은 생성 시점부터 현재까지의 모든 거래 기록을 나타내고 있습니다. 또한, World state는 **데이터베이스** 형태로 **블록체인과 분리**되어 구축되어 있는데, 이러한 구조는 다음과 같은 특징을 가지고 있습니다.

- World state에 저장된 데이터는 합의 과정에 의해 블록체인에 포함되기 전까지 체인코드를 통해 조회/변경/삭제가 가능합니다.
- 합의에 의해 결정된 블록 및 블록체인은 절대 수정할 수 없습니다(Non-deterministic, Fork 문제 해결).
- World state는 데이터의 기록, 수정, 읽기 등이 빈번하게 발생하기 때문에 (분산) 데이터베이스로 구축되어 있습니다(LevelDB, CouchDB 지원).
- 블록체인(Transaction log)은 데이터 요청이 거의 없고, append-only 방식의 저장이 목적이기 때문에 파일시스템 형태로 저장되어 있습니다.

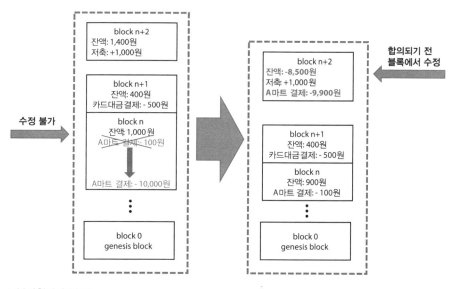

● 분산원장 수정 예

잘못된 데이터가 발견됐을 경우에도 이미 합의가 완료된 블록의 데이터는 수정할 수 없습니다. 수정을 위해서는 World state에서 데이터를 적절하게 수정하여 값을 올바르게 맞춰 줘야 합니다. 위 그림의 왼쪽 n번째 블록을 한번 보겠습니다. A마트 결제 대금을 -100원에서 -10,000원으로 수정해야 한다고 가정해 봅시다. 이때 이미 합의가 완료된 n번째 블록은 절대 수정할 수 없습니다. 수정을 위해서는 오른쪽의 그림처럼 n + 2

블록(World state)에 −9,900원 트랜잭션을 한 번 더 발생시켜서 값을 맞춰 주는 방법밖에 없습니다.

이어지는 절에서 World state와 블록체인에 대해서 좀 더 자세히 알아보겠습니다.

World State

앞 절에서 **World state**는 현재 값을 관리하는 데이터베이스라고 설명해 드렸습니다. World state를 데이터베이스로 구축하게 되면 사용자들이 데이터를 저장하고 읽어올 때 다양한 기능을 사용할 수 있습니다. 하이퍼레저 패브릭에서는 key-value 저장 방식을 사용하는 LevelDB와 JSON 포맷의 저장 방식을 사용하는 CouchDB 중 하나를 선택해서 World state 데이터베이스를 구축할 수 있습니다.

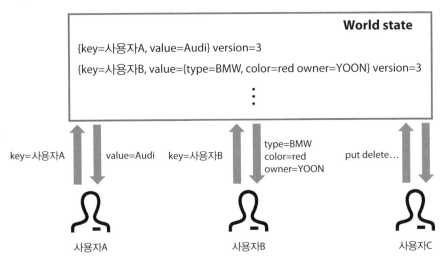

● **key-value 데이터베이스 사용 예**

위 그림은 World state 데이터베이스의 key-value 구조를 보여주고 있습니다. 사용자A가 자신의 자동차 등록 정보를 확인하기 위해 key 값에 자신의 이름을 넣어서 가까운 peer에게 자신의 데이터를 요청합니다. peer는 수신된 key 값을 바탕으로 자신의 보유한 분산원장의 World state를 참조하여 사용자A의 데이터 값을 반환하게 됩니다. 사용자B의 경우처럼 하나의 key 값에 좀 더 다양한 데이터를 저장할 수도 있습니다. 또한, 사용자C처럼 데이터를 읽어오는 것뿐만 아니라 put, delete, get 함수 등 다양한 기능을 사용하여 데이터베이스에 접근할 수도 있습니다.

앞의 그림에서 **version** 정보가 있는 것을 확인할 수 있습니다. version은 World state 가 업데이트될 때마다 증가하게 됩니다. peer는 World state에 트랜잭션을 업데이트하기 전 트랜잭션과 World state의 version 값을 비교하는 작업을 수행합니다. 트랜잭션의 version 값과 World state의 version 값이 같아야만 해당 트랜잭션의 내용이 업데이트되고, 트랜잭션의 version 값이 World state의 version 값과 다르다면 해당 트랜잭션에 대한 업데이트가 이루어지지 않습니다. 예를 들어, 1년 전 제 통장에 백만 원이 있었고 현재는 만 원밖에 없는 경우, 1년 전 통장의 기록을 바탕으로 백만원 출금을 요청하면 당연히 거절당하게 되겠죠? 혹은 반대의 경우 1년 전 제 통장에 만 원이 있었고 현재는 백만 원이 있는데, 1년 전 기록을 바탕으로 백만 원을 출금하면 제 통장에는 없어도 되는 빚이 생기게 됩니다. 이런 일을 방지하기 위해서 트랜잭션의 version 값과 World state의 version 값의 일치 여부를 확인한 후 업데이트 실행 여부가 결정됩니다.

블록 & 블록체인

다음으로, **블록(Block)**과 **블록체인(Blockchain)**에 대하여 알아보겠습니다. 정해진 용량만큼 혹은 일정 시간 동안 발생한 트랜잭션은 하나의 블록이 됩니다. 블록체인은 이렇게 생성된 블록들이 합의 과정을 무사히 마친 후 암호학적 기법을 통해 생성된 순서대로 연결되어 저장되는 데이터를 일컫습니다.

블록 헤더에는 현재 발생하고 있는 트랜잭션에 대한 해시값과 이전 단계에서 생성된 블록의 해시값이 포함되어 있습니다. 이처럼 블록의 해시값이 연결된 데이터 구조에서는 블록에 저장된 데이터를 안전하게 보관할 수 있습니다. 왜냐하면 첫 번째 블록부터 현재까지의 블록 안에 모든 트랜잭션에 대한 기록이 저장되어 있기 때문에 악의적인 노드가 이전 블록의 값을 변경하려고 시도해도 올바른 블록을 소유한 peer들의 합의 과정에 의해 저지당하게 됩니다.

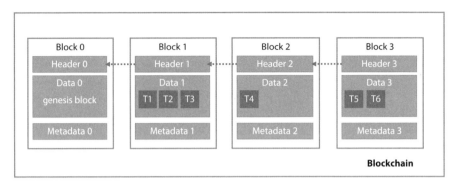

● 블록체인 구조도 예

위 그림은 블록체인의 데이터 구조를 나타내고 있습니다. 위의 그림에서는 4개의 블록이 암호학적 해시 기법으로 연결되어 있으며, 각 블록마다 **Header, Data, Metadata** 필드가 존재합니다. 지금부터 블록을 구성하는 구성요소를 자세히 살펴보겠습니다.

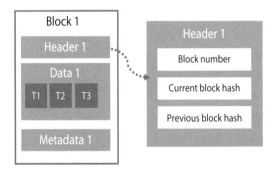

● 블록 Header 구조도

먼저, 블록의 Header부터 살펴보겠습니다. Header는 위 그림과 같이 세 가지 항목으로 구성되어 있습니다.

- Block number: 0부터 시작하여 합의 과정에 의해 블록이 생성될 때마다 숫자가 1씩 증가하게 됩니다.
- Current block hash: 현재 블록에 포함되어 있는 트랜잭션의 해시값입니다.

- Previous block hash: 이전 블록에 대한 해시값입니다.

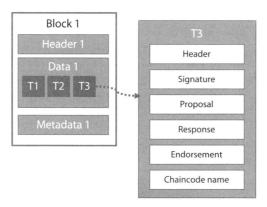

● **트랜잭션 구조도**

Block data에는 해당 블록에 포함된 트랜잭션이 순서대로 저장되어 있습니다. 위 그림에서는 Block 1의 Data 1 필드에 3개의 트랜잭션이 저장되어 있고, T3 트랜잭션을 구성하고 있는 각각의 항목을 보여주고 있습니다. 트랜잭션을 구성하고 있는 세부 항목들은 다음과 같습니다.

- Header: 트랜잭션의 version 정보와 트랜잭션이 실행되는 체인코드의 이름 등이 명시되어 있습니다.
- Signature: 트랜잭션 생성자의 Identity 관련 디지털 인증서 정보가 있습니다 (Identity와 디지털 인증서는 다음 절에서 좀 더 자세히 다루겠습니다).
- Proposal: 체인코드에 들어가는 트랜잭션의 입력값이 저장되어 있습니다. 해당 입력값을 이용해서 체인코드를 실행시킵니다.
- Response: 트랜잭션 처리 결괏값을 Read/Write set 형태로 반환하는 필드입니다. Read는 트랜잭션의 proposal이 반영되기 전 값이고, write는 proposal 값이 반영된 후의 값을 의미합니다. 이 값은 추후 최신 블록 검증 과정에 사용됩니다.

예를 들어, 현재 Block number가 3이고 사용자A의 계좌 잔고가 1,000원인 상태에서 사용자A
잔고에 100원을 추가한다고 가정했을 때 다음과 같은 형식으로 Read/Write set 데이터를 생성
합니다.

- Read – {사용자A(key), 1,000(value), 3(version)}
- Write – {사용자A(key), 1,100(value+100)}

- Endorsement: 트랜잭션을 보증해 준 peer의 Identity 정보가 포함되어 있습니다.
  보증 정책에 따라서 Endorsement는 한 개 혹은 여러 개가 될 수 있습니다.
- Chaincode name: 트랜잭션이 실행되는 체인코드를 구분하는 데 사용됩니다.
  peer가 트랜잭션을 입력받으면 Chaincode name이 가리키는 체인코드를 실행합
  니다.

이 밖에도 Timestamp, TxId, PayloadVisibility 등 20여 가지 항목들이 있으나, 이 책에서 다루
는 하이퍼레저 패브릭의 큰 흐름을 이해하기 위해서는 위의 6가지만 이해해도 문제없을 것입니
다. 다른 필드에 대해 궁금하다면 Github나 공식 문서 등에서 찾아볼 수 있습니다.

마지막으로, Metadata에는 블록 생성자의 Identity 정보, 블록에 포함되어 있는
Transaction 보증 여부 등이 포함되어 있습니다.

2.1.8 Gossip

이번 절에서는 **Gossip** 프로토콜이 하이퍼레저 패브릭에서 어떤 역할을 하는지 알아보
겠습니다. Gossip 프로토콜은 하이퍼레저 패브릭 네트워크에서 다음과 같이 두 가지
기능을 담당합니다.

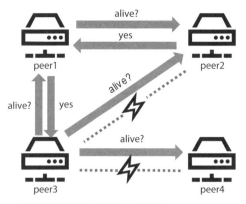

● 서로의 상태를 주기적으로 확인하는 peer

　peer는 끊임없이 브로드캐스트 메시지를 생성하여 동일한 채널에 있는 peer들의 상태를 확인합니다. 만약 peer가 특정 시간 동안 브로드캐스트 메시지에 대한 응답을 하지 못한다면 어떻게 될까요? 브로드캐스트 메시지에 응답하지 못한 peer에 문제가 발생한 것으로 간주하고 해당 peer는 네트워크에서 오프라인 상태로 인식됩니다. 위 그림에서 peer2는 peer3의 상태 확인 메시지에 응답하지 못했지만, peer1을 통해 peer2가 네트워크에 살아있음을 알릴 수 있습니다. 하지만 peer4를 보면 오직 peer3과 통신 회선이 연결되어 있으므로 peer3의 상태 확인 메시지에 응답하지 못한다면 해당 peer는 채널에서 오프라인 상태로 인식됩니다.

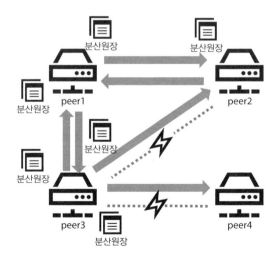

● Gossip 프로토콜을 통해 peer 간 분산원장 교환

- peer는 Gossip 프로토콜을 통해 같은 채널 내 peer들을 **랜덤하게** 선택하여 분산 원장을 전송합니다. Gossip 프로토콜을 통해 분산원장을 수신한 peer는 자신의 분산원장과 비교하여 업데이트된 최신 정보가 있으면 자신의 분산원장에 해당 내용을 업데이트합니다. 앞의 경우와 마찬가지로 peer2는 peer3과의 통신이 단절됐더라도 peer1을 통해 분산원장을 업데이트할 수 있지만, peer4는 네트워크로부터 단절됐기 때문에 자신의 분산원장을 채널에 업데이트할 수 없습니다.

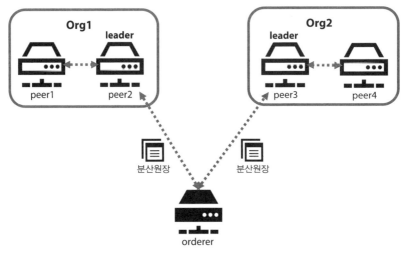

● **조직의 Leader peer가 대표로 orderer와 통신**

각 조직의 peer는 orderer로부터 분산원장을 업데이트할 수 있는데, 조직의 모든 peer가 orderer에게 분산원장을 요청하면 orderer가 과부화될 가능성이 높아지게 됩니다. 그리하여 각 조직에서는 모든 peer가 orderer와 통신하는 대신 Leader peer를 대표로 선출하여 orderer와 통신을 하게 됩니다.

Leader peer는 수동 혹은 자동으로 선출될 수 있습니다. 수동으로 Leader peer를 선출하게 되면 한 대 이상의 Leader peer를 설정할 수 있습니다. 이러한 경우 orderer에 과부하가 걸리지 않도록, 그리고 조직당 Leader peer가 한 대 이상은 살아있도록 시스템 관리자가 수동으로 관리해야만 합니다.

자동으로 Leader peer를 선출할 경우 각 조직당 한 대의 Leader peer가 선출됩니다. 선출된 Leader peer는 같은 조직의 peer에게 heartbeat 메시지를 주기적으로 보내어 자신이 살아있음을 증명합니다. 만약 하나 이상의 peer가 특정 시간 동안 heartbeat 메시지를 수신하지 못한다면 새로운 Leader peer를 선출하게 됩니다. 네트워크 장애가 발생하여 조직 내 네트워크가 2개 이상으로 나눠지는 경우 2대 이상의 Leader peer가 존재할 수도 있습니다. 이러한 경우 단절된 네트워크가 다시 복구되면 2대 이상의 Leader peer 중 하나만이 Leader peer 역할을 수행하게 됩니다.

Leader peer뿐만 아니라 모든 peer는 자신의 시스템 상태를 알리기 위해 heartbeat 메시지를 브로드캐스트하는데, 예를 들어 같은 채널에 소속된 peer들 중 특정 peer로부터 일정 시간 동안 heartbeat 메시지가 수신되지 않으면 해당 peer는 죽은 것으로 간주되어 채널 맴버십에서 제외되게 됩니다.

NOTE

서로 다른 채널에 속해 있는 peer들 간의 정보는 공유할 수 없습니다. 앞서 설명한 Gossip 프로토콜의 분산원장 공유나 heartbeat 메시지 전송은 모두 같은 채널 내에 있는 peer들 간에 발생한다는 것을 유의하기 바랍니다.

2.1.9 Identity

앞서 언급하였지만, 하이퍼레저 패브릭은 프라이빗 블록체인이라고 말씀드렸습니다. 즉, 허가된 사용자만이 블록체인 플랫폼에 참여할 수가 있는데, 이번 절과 다음 절에서는 사용자가 어떻게 접근 권한을 얻는지, 또 peer와 orderer로 구성된 하이퍼레저 패브릭 네트워크에서 어떻게 서로의 신원을 확인하는지를 알아보겠습니다.

NOTE

Identity 기술을 이해하기 위해서는 보안과 관련된 상당한 지식이 필요합니다. 이번 절에서는 여러분이 하이퍼레저 패브릭에서의 Identity 기술을 이해하기 위한 디지털 인증 기술의 핵심 요소만을 간추려서 설명하겠습니다. 디지털 인증 기술 관련 자세한 내용을 공부하고 싶다면 PKI(Public Key Infrastructure) 기술을 검색해 보길 바랍니다.

하이퍼레저 패브릭에서는 peer, orderer, client 등 다양한 종류의 네트워크 노드가 있습니다. 이러한 네트워크 노드들은 서로의 신원을 어떻게 확인할 수 있을까요? 정답은 바로 **PKI(Public Key Infrastructure)** 기반의 디지털 인증서입니다. PKI 기반 peer를 위한 디지털 인증서, orderer를 위한 디지털 인증서, 그리고 client를 위한 디지털 인증서를 하이퍼레저 패브릭에서 제공하는 cryptogen과 Fabric-CA 등을 이용하여 생성할 수 있습니다(cryptogen과 Fabric-CA는 3장에서 실습을 통해 알아보겠습니다).

그렇다면 PKI란 무엇일까요? 넓은 의미로 PKI는 디지털 인증서를 안전하게 제공/생성/관리하는 기술을 일컫습니다. PKI는 **CA(Certificate Authority)**라고 불리는 네트워크 노드 하에 관리됩니다. CA는 디지털 인증서를 안전하게 관리해 주는 기관인데, 디지털 인증서를 필요한 사용자에게 발급/저장/삭제해 주는 역할을 수행합니다. PKI는 다음 절의 MSP를 이해하기 위해서는 꼭 알아야 하는 기술입니다. PKI가 가지고 있는 아래 네 가지의 핵심 구성요소를 하나씩 설명하겠습니다.

- 디지털 인증서
- 공개키(Public key)/비밀키(Private key)
- CA(Certificate Authority)
- Certificate Revocation List

> **NOTE**
>
> PKI는 다음 절의 MSP(Membership Service Provider)를 이해하기 위해서는 알아야 하는 기술이니 반드시 이해하고 넘어가길 바랍니다.

> **NOTE**
>
> 하이퍼레저 패브릭뿐만 아니라 다른 인터넷 환경에서도 PKI를 많이 사용하고 있는데, 인터넷 주소가 HTTPS로 시작한다면 해당 브라우저는 PKI 기술로 안전하게 보호되고 있다는 것을 의미합니다.

디지털 인증서

PKI는 X.509 디지털 인증서를 사용합니다. X.509는 ITU-T(국제전기통신연합의 전기통신 표준화 부문)에서 정의한 디지털 인증서 생성 관련 국제 표준을 의미합니다. 국제 표준이란, 어디서든 정확한 의미를 전달하기 위해 전 세계 기술자 및 연구자들이 만든 약속 같은 것입니다. 예를 들어, 한국에서 발급한 주민등록증은 한국에서는 신원 증명이 가능하지만 한국어와 한국의 주민등록번호 양식을 모르는 외국에서는 신원 증명이 불가능합니다. 하지만 영어로 만들어진 여권의 경우 전 세계 어디서든 여권 소유자의 신원을 증명할 수 있습니다. 이와 마찬가지로, X.509를 사용하는 네트워크 노드들은 전 세계적으로 약속된 X.509 국제 표준을 방식으로 디지털 ID를 생성하여 서로의 신원을 증명할 수 있습니다. 만약 X.509가 아닌 다른 인증 방식으로 디지털 ID를 만든다면 X.509를 사용하는 노드들은 다른 인증 방식을 사용하는 노드의 신원을 확인할 수 없습니다. X.509는 수많은 국제 표준 중 디지털상의 신원을 인증하기 위한 국제 표준을 의미합니다. X.509는 하이퍼레저 패브릭뿐만 아니라 현재 인터넷의 다양한 분야에서 신원 확인을 위해 광범위하게 사용되고 있는 가장 유명한 디지털 신원 증명 방식입니다.

● **X.509 version3 인증서 양식 예(RFC 5280 국제 표준 문서 참고)**

Certificate Format Version	인증서의 버전 정보 표시(현재는 version3까지 있음)
Certificate Serial Number	인증서를 구분하는 시리얼 번호(최대 20octet)
Signature Algorithm Identifier for CA	CA가 사인할 때 사용하는 알고리즘(version3은 SHA-256 with RSA 사용)
Issuer Name	CA의 정보
Validity Period	인증서 유효기간의 시작일과 만료일
Subject Name	인증서 사용자 정보
Subject Public Key Information	인증서 사용자 공개키
Extension(s) (V3)	인증서의 추가적인 정보와 정책(version3에서 사용 가능)
CA Signature	CA의 디지털 인증서

위의 표는 X.509 인증서에 포함되는 필드에 관한 정보를 보여주고 있습니다. 'Certificate Format Version'은 X.509 인증서의 version 정보를 나타냅니다(현재 version

3까지 있습니다). 'Certificate Serial Number'는 각각의 인증서를 구분하는 고유의 시리얼 번호를 포함하는 필드이며, 최대 20octet을 사용하여 시리얼 번호를 나타낼 수 있습니다. 'Signature Algorithm Identifier for CA'는 인증서의 위/변조를 방지하기 위해 사용되는 암호화 알고리즘을 표시합니다. 'Issuer Name' 필드에는 인증서를 발급한 CA의 정보가 들어가고, 'Validity Period' 필드에는 인증서의 유효기간의 시작일과 만료일이 표시됩니다. 'Subject Name'에는 인증서 사용자의 정보가 들어가고, 'Subject Public Key Information'에는 인증서 사용자의 공개키가 들어갑니다(공개키는 이어지는 절에서 설명하겠습니다). 'Extension(s)' 필드에는 인증서의 추가적인 정보와 정책에 관한 내용이 들어가고, 마지막으로 'CA Signature'에는 CA의 디지털 인증서 정보가 표시됩니다.

공개키와 비밀키

데이터가 위/변조되지 않음을 보장하는 무결성은 통신에서 굉장히 중요한 요소입니다. 무결성을 증명하기 위해 가장 기본이 되는 것이 바로 **신원 인증**과 **데이터 암호화**입니다. 이 두 가지 조건을 만족시키기 위해 **공개키**(Public Key)와 **비밀키**(Private Key)를 사용하는데, 이번 절에서는 공개키와 비밀키를 이용한 신원 인증과 데이터 암호화 구현 방식을 알아보겠습니다.

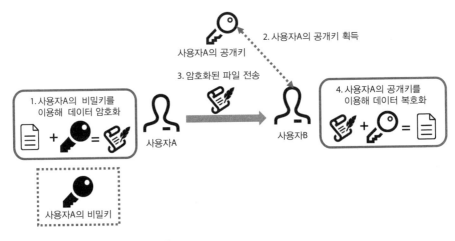

● **공개키와 비밀키를 이용한 인증 방식**

앞의 그림을 통해 공개키와 비밀키를 이용한 **신원 인증** 방식을 알아보겠습니다. 사용자 A는 자신의 비밀키를 이용해 전송할 데이터를 암호화한 후 암호화된 파일을 사용자B 에게 전송합니다.

사용자A의 비밀키로 암호화된 데이터는 오직 사용자A의 공개키를 이용해서만 복호화할 수 있습니다. 그리고 사용자A의 공개키는 오직 사용자A의 비밀키로 암호화된 데이터만 복호화할 수 있습니다. 그리하여 만약 사용자B가 수신한 데이터가 사용자A의 공개키로 복호화되지 않는다면 해당 데이터는 사용자A가 보낸 것이 아니게 됩니다. 사용자B는 사전에 획득한 사용자A의 공개키를 이용해 암호화된 데이터를 복호화한 후 데이터 복호화가 정상적으로 수행된다면 해당 데이터는 사용자A가 보냈다는 것을 확신할 수 있습니다. 내용이 조금 헷갈릴 수도 있지만 정말 중요한 내용이기 때문에 차근차근 읽어서 꼭 이해하고 넘어가 주기를 바랍니다.

다음으로는 공개키와 비밀키를 이용한 **데이터 암호화** 방식을 알아보겠습니다.

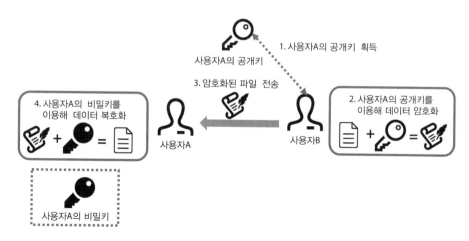

● **공개키와 비밀키를 이용한 데이터 암호화 방식**

앞의 그림과 비슷한 듯 다른 이 그림은 공개키와 비밀키를 이용하여 데이터를 암호화하는 방식을 보여줍니다. 앞의 예제와는 반대로 사용자B가 사용자A에게 데이터를 암호화해서 전송하는 예제입니다. 만약 사용자B가 오직 사용자A만 볼 수 있는 데이터 파일을 전송하고 싶다면 어떻게 해야 할까요? 우선, 사용자B는 사용자A의 공개키를 획득한 후 사용자A의 공개키를 이용해서 데이터를 암호화합니다. 사용자A의 공개키로 암호화된 데이터는 사용자A의 비밀키를 이용해서만 복호화할 수 있습니다. 사용자B가 사용자A에게 암호화된 데이터를 전송하면 사용자A는 자신의 비밀키를 이용하여 데이터를 복호화한 후 데이터 내용을 확인할 수 있습니다.

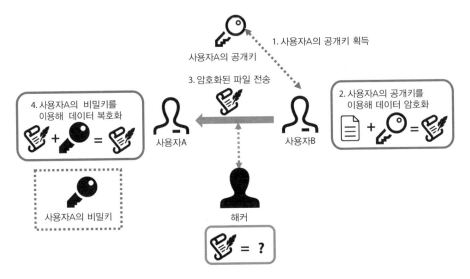

● **해커가 암호화된 데이터를 도청할 경우**

위 그림과 같이 악의적인 해커가 네트워크 중간에서 암호화된 데이터를 도청한다고 하더라도 사용자A의 비밀키가 없기 때문에 도청한 데이터의 내용을 확인할 수 없습니다.

정리하자면, 공개키와 비밀키를 이용해 암호화를 수행하면 다음과 같은 두 가지 방식의 네트워크 보안이 가능합니다.

- 공개키를 이용해 암호화를 수행하면 원하는 상대에게만 데이터를 공개할 수 있습니다.
- 비밀키를 이용해 암호화를 수행하면 신원 인증을 할 수 있습니다.

CA

앞 절에서 공개키와 비밀키를 이용한 암호화 동작 과정을 배웠는데, 공개키와 비밀키만을 이용하여 암호화를 수행할 경우 보안에 매우 취약하게 됩니다.

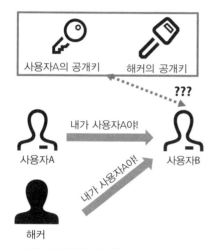

● **공개키의 출처를 확인할 수 없음**

위 그림을 보면 사용자A와 해커 모두 사용자B에게 자신이 사용자A라고 주장합니다. 만약 사용자B가 잘못된 경로를 통해 해커의 공개키를 사용자A의 공개키로 착각해서 사용하면 어떻게 될까요? 이럴 경우 사용자B는 사용자A가 보내는 데이터 대신 해커가 보내는 데이터를 사용자A가 보냈다고 믿게 됩니다. 참고로, 이와 같은 해커의 공격 방식을 MITM(중간자 공격, Man in the Middle Attack)이라고 합니다.

위와 같은 경우를 방지하기 위해서 **CA(Certificate Authority)**라고 불리는 인증 노드를 사용하게 되는데, CA가 어떤 역할을 하는지 간단하게 알아보고 넘어가겠습니다.

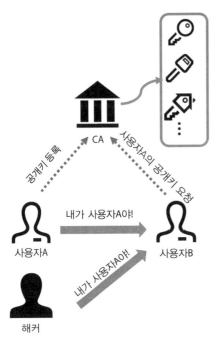

● **CA를 통해 공개키 획득**

위 그림을 보면 사용자A는 자신의 공개키를 CA에 등록합니다. 그 후 사용자B가 사용자A의 공개키가 필요할 경우 CA에게 사용자A의 공개키를 요청하게 됩니다. 공개키 요청을 받은 CA는 암호화 기법을 통해 안전하게 사용자A의 공개키를 사용자B에게 전달하게 됩니다.

이러한 CA는 신뢰할 수 있는 기관에 의해 운영되는데, 우리나라에서는 현재 한국정보보호진흥원에서 CA(Root CA)를 운영하고 있습니다. 주요 업무는 공개키 등록 시 본인인증과 X.509와 같은 디지털 인증서 생성 및 발행 등이 있습니다.

하이퍼레저 패브릭에서는 Fabric-CA 노드가 CA 역할을 합니다. 기존의 CA와 마찬가지로 X.509 인증서를 발급하고 관리할 수 있을 뿐만 아니라 하이퍼레저 패브릭 네트워크 구성을 위한 특화된 기능도 몇 가지 제공하고 있습니다. Fabric-CA는 3장의 실습을 통해 자세히 알아보겠습니다.

CRL

CRL(Certificate Revocation Lists)은 이름에 나와 있는 의미 그대로 폐기된 인증서에 대한 목록을 말합니다. CA는 CRL을 통해 폐기된 인증서를 관리하고 있습니다.

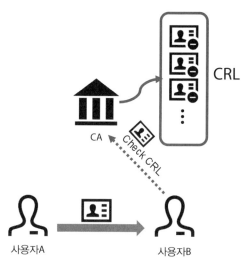

● **사용자B는 사용자A의 인증서가 CRL에 있는지 확인**

사용자B는 사용자A로부터 인증서를 받으면 CA의 CRL에 해당 인증서가 존재하는지 확인하는 작업을 합니다. 만약 CRL에 해당 인증서가 존재하지 않는다면 사용자B는 사용자A를 올바른 사용자로 판단하고 앞서 설명한 인증 절차를 수행하게 됩니다. 만약 사용자A가 보낸 디지털 인증서가 CRL에 존재할 경우 인증 절차가 이루어지지 않게 됩니다.

2.1.10 MSP

MSP(Membership Service Provider)는 앞 절에서 설명한 Identity 기술을 바탕으로 만든 하이퍼레저 패브릭 멤버십 관리 기술입니다. MSP를 이용해서 peer, orderer, Fabric-CA, Admin 등의 역할과 소속, 권한 등을 정의할 수 있습니다.

● MSP 구조 예

MSP를 통해서 하이퍼레저 패브릭의 조직 구조를 설계할 수 있습니다. 위 그림을 보면 Org1, Org2 두 개의 조직이 있으며, 각 Org당 디지털 인증서를 생성하기 위한 CA가 하나씩 있습니다. Org1은 MSP의 가장 단순한 형태인데, 조직당 하나의 MSP가 있는 구조입니다. 그에 반해 Org2는 하나의 조직에 다수의 MSP가 있습니다. 이처럼 각 조직의 특성과 용도에 맞게 조직을 세분화하여 MSP를 생성한 후 인증 시스템을 구축할 수도 있습니다. 이러한 경우 CA는 X.509 디지털 인증서의 OU(Organizational Unit) 필드를 이용하여 세분화된 조직의 MSP를 위한 디지털 인증서를 발급할 수 있습니다.

MSP는 다음과 같이 두 가지 종류로 구분할 수 있습니다.

· local MSP

· channel MSP

local MSP는 하이퍼레저 패브릭 네트워크 노드의 역할을 부여할 때 사용하는 MSP입니다. local MSP를 통해 어떤 노드가 peer, orderer 혹은 client인지 정의할 수 있고, client가 Admin인이지 일반 유저인지 등의 노드별 권한도 정의할 수 있습니다. 하이퍼레저 패브릭의 모든 네트워크 노드는 하나 이상의 local MSP가 정의되어 있어야만 합니다.

channel MSP는 채널 구성원들에 대한 멤버십 정의와 권한을 부여할 때 사용하는 MSP 입니다. 채널에 참여한 구성원들은 각자의 local MSP를 이용해서 하나의 channel MSP 를 생성합니다. 어떠한 조직에서 채널에 참여하려 할 때 채널 구성원은 channel MSP 를 참고하여 보증 또는 거절을 하게 됩니다. 또한, 채널 구성원들은 channel MSP에 따 라서 역할과 권한을 부여받게 됩니다.

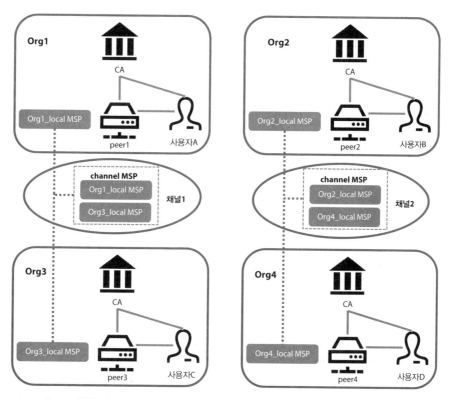

● channel MSP 생성 예

위 그림을 보면 Org1부터 Org4까지 4개의 조직이 있습니다. 그리고 각 조직의 peer와 사용자는 CA로부터 발급받은 local MSP가 있습니다. Org1과 Org3 그리고 Org2와 Org4는 비즈니스 협정을 맺은 후 데이터 공유를 위한 채널1과 채널2를 생성한다고 가 정해 봅시다. 채널1을 생성하기 위해 Org1과 Org3은 각자의 local MSP를 이용하여 서 로 데이터를 공유할 수 있는 channel MSP를 만들게 됩니다. 마찬가지로, 채널2 생성을 위해 Org2와 Org4도 각자의 local MSP를 이용해 channel MSP를 만들었습니다. 이러한 경우 채널1은 Org1과 Org3의 local MSP만을 이용해 channel MSP를 만들었기 때문에 Org2와 Org4는 채널1에 접근할 수 없으며, 채널2의 경우도 마찬가지입니다. 마지막으로, 각 조직의 사용자는 조직의 CA를 통해 인증서를 생성하고 peer를 통해서 조직이 속한 채널에 체인코드를 설치하거나 실행할 수 있습니다.

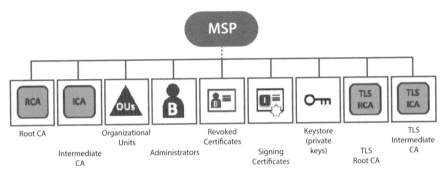

● **MSP 구조(출처: 하이퍼레저 패브릭 공식 문서)**

위 그림은 MSP의 구조를 나타내고 있습니다. 그림에서 보는 바와 같이 MSP는 9가지 종류의 인증서로 구성되어 있는데, 지금부터 하나하나씩 알아보겠습니다.

- Root CA: 하이퍼레저 패브릭의 RCA(Root CA) 디지털 인증서를 나타냅니다.
- Intermediate CA: 하이퍼레저 패브릭의 ICA(Intermedidate CA) 디지털 인증서를 나타냅니다. CA는 다음 그림과 같이 여러 개의 CA로 구성될 수 있는데, 하나의 조직을 세분화할 경우 세분화된 각 조직마다 ICA를 하나씩 설치하여 MSP를 관리할 수 있습니다(설치와 관리의 편의를 위해 Root CA 하나로 관리하는 경우도 있습니다).

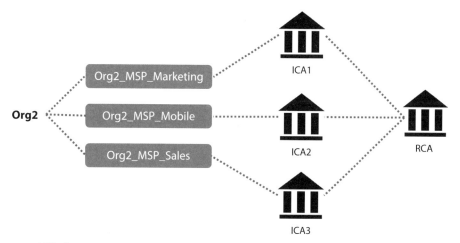

● **ICA 사용 예**

- Organizational Units(OU): ICA를 사용하지 않고 하나의 CA(Root CA)를 이용해서 조직을 세분화하고 싶을 때 사용됩니다. $FABRIC_CFG_PATH/msp/config.yaml 파일에 OU 관련 정보가 입력되어 있고 'openssl x509 -in' 명령어를 통해 관련 내용을 확인할 수 있습니다.
- Administrators: 조직 운영자의 인증서를 나타내고 있습니다. 하이퍼레저 패브릭의 MSP 구조에서는 조직당 하나 이상의 운영자 인증서가 존재해야 합니다.

- Revoked Certificate: 폐기된 인증서를 나타내고 있습니다. CRL 검사 시 해당 폴더를 참고합니다.
- Node Identity(Signing Certificates): 개인키로 암호화한 인증서를 나타내고 있습니다(개인키로 암호화하면 신원 증명이 가능하고, 공개키로 암호화하면 데이터 자체에 대한 암호화가 가능하다고 설명했었습니다).

- Keystore: 개인키를 나타내고 있습니다.
- TLS Root CA: 보안 강화를 위해 TLS 기능을 사용할 때 Root CA로부터 발급받은 TLS 인증서를 나타내고 있습니다. TLS 통신은 주로 peer와 orderer 사이에 사용됩니다.
- TLS Intermediate CA: Intermediate CA로부터 발급받은 TLS 인증서를 나타내고 있습니다.

2.1.11 Orderer

하이퍼레저 패브릭 네트워크는 무엇으로 구성이 되는지, 원장과 체인코드는 어떻게 관리되는지, 그리고 최신 블록은 어떻게 생성되는지에 대하여 peer를 중심으로 공부하였습니다. 이번 절에서는 **orderer**가 어떻게 최신 블록을 생성해서 peer에게 전달하는지 알아보겠습니다. 또 어떠한 원리로 orderer에 의해 peer들이 동일한 최신 블록을 서로 공유할 수 있는지 다음의 3단계 과정을 통해 알아보겠습니다.

1단계: 트랜잭션 제출

분산 애플리케이션이 트랜잭션 보증을 담당하는 **Endorsing peer**에게 트랜잭션을 제출하는 것부터 해당 트랜잭션이 가리키는 체인코드가 실행되기까지가 1단계 과정입니다.

> **NOTE**
>
> peer는 Endorsing peer와 Committing peer 두 가지로 구분할 수 있습니다. Endorsing peer는 분산 애플리케이션이 peer에게 트랜잭션을 제출할 시 해당 트랜잭션에 대한 보증 여부를 판단하고 자신의 Identity로 사인을 해 주는 peer입니다. Committing peer는 나중에 설명할 3번째 단계인 검증 과정에서 새로운 블록을 기존 블록체인에 추가할 것인지에 대한 보증 여부를 판단하는 peer입니다.

> **NOTE**
>
> 모든 peer는 Committing peer 역할을 합니다. Committing peer의 Endorsing 기능을 활성화 시키면 Endorsing peer의 역할도 함께 수행하게 됩니다.

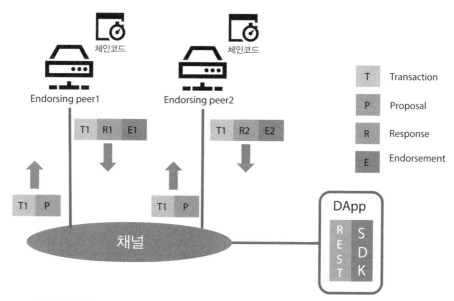

T	Transaction
P	Proposal
R	Response
E	Endorsement

● **트랜잭션 제출 과정**

위 그림은 일련의 트랜잭션 제출 과정을 보여주고 있습니다. 분산 애플리케이션은 트랜잭션을 Endorsing peer에게 제출합니다. 트랜잭션을 받은 Endorsing peer들은 Proposal 값을 바탕으로 체인코드를 시뮬레이션하게 됩니다. 만약 올바른 결괏값이 나온다면 Endorsing peer는 자신의 Identity를 이용해 서명한 디지털 인증서와 Read/Write set 을 함께 분산 애플리케이션에 전송합니다(Proposal, Read/Write set이 기억나지 않으면 2.1.7 'Ledger' 절의 트랜잭션 구조도 그림을 다시 보길 바랍니다.)

트랜잭션 제출 과정에서는 orderer의 역할이 아직 없습니다. 계속해서 다음 단계도 한번 살펴보겠습니다.

2단계: 블록 패키징

다음으로, **블록 패키징(Block Packaging)** 과정에 대하여 알아보겠습니다. 블록 패키징은 트랜잭션 제출 과정에서 제출한 트랜잭션을 orderer가 수집하여 순서대로 정렬한 후 최신 블록을 생성하는 과정을 말합니다.

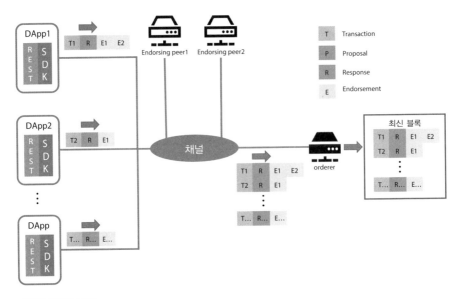

● 블록 패키징 과정

위 그림은 블록 패키징 과정을 보여주고 있습니다. 분산 애플리케이션은 앞서 Endorsing peer로부터 받은 Read/Write set과 Endorsing peer의 디지털 인증서를 트랜잭션과 함께 orderer에 전송합니다. 트랜잭션을 전송받은 orderer는 해당 트랜잭션을 순서대로 정렬한 후 최신 블록을 생성합니다(orderer는 자신이 속한 모든 채널의 트랜잭션을 순서대로 정렬한 후 채널별로 블록을 생성합니다).

> **NOTE**
>
> 1장에서 설명한 대로 하이퍼레저 패브릭은 트랜잭션 처리 과정이 단계별로 분리되어 처리되고 각각의 단계는 독립적으로 실행됩니다. 즉, 1단계에서 Endorsing peer가 트랜잭션을 보증한 후 분산 애플리케이션에 전달하면 분산 애플리케이션은 orderer에게 해당 트랜잭션을 전송하고, orderer 노드는 수신받은 트랜잭션을 수집해 블록을 생성하게 됩니다. 이와 동시에 Endorsing peer는 orderer 노드의 블록 생성 여부와는 관계없이 분산 애플리케이션으로부터 수신받은 새로운 트랜잭션에 대한 보증 작업을 수행합니다. 뒤에서 설명할 3단계 검증 과정도 마찬가지로 1단계와 2단계 과정의 영향을 받지 않고 Committing peer가 독립적으로 수신받는 최신 블록에 대한 검증 작업을 수행합니다. 이처럼 블록 패키징 과정에서 orderer 노드는 1단계와 3단계의 peer 노드 작업과는 관계없이 독립적으로 트랜잭션을 수집하여 취합한 후 블록을 생성하는 작업을 수행합니다.

3단계: 검증

끝으로, 마지막 3단계인 **검증(Validation)** 과정을 살펴보겠습니다. 검증 과정은 orderer가 생성한 최신 블록을 각 조직의 peer들에게 전달하고, 최신 블록을 전달받은 peer는 해당 블록이 올바르게 생성됐는지 검증하는 과정을 말합니다.

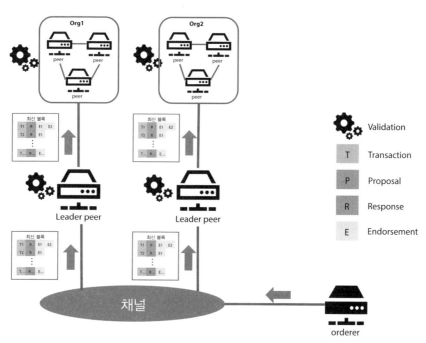

● **블록 배포 및 검증 작업**

위 그림을 보면 orderer는 자신이 생성한 최신 블록을 각 조직의 Leader peer에게 전달해 줍니다(Leader peer가 기억이 안 나면 2.1.8절 "Gossip"을 다시 한번 읽어보기 바랍니다). Leader peer는 orderer로부터 전달받은 최신 블록을 자신이 속한 채널의 peer들에게 배포해 줍니다. 최신 블록을 받은 peer들은 블록에 포함된 결괏값이 정상적인지, 각각의 트랜잭션 결괏값이 보증 정책에 부합하는지 등의 검증 작업을 수행한 후, 문제가 없을 시 자신의 로컬 저장소에 저장된 블록체인에 최신 블록을 추가하고 World state 데이터베이스를 업데이트합니다.

정리하자면, 1단계 트랜잭션 제출 과정에서 Endorsing peer가 체인코드를 실행하고 트랜잭션의 보증 여부를 판단하는 작업을 수행합니다. 2단계 블록 패키징 과정에서는 orderer가 채널 내 수신되는 모든 트랜잭션을 모아서 순서대로 정렬한 후 최신 블록을 생성하는 작업을 수행합니다. 마지막 3단계 검증 과정에서는 orderer가 peer에게 최신 블록을 전파하면 각 조직의 peer들은 최신 블록을 검증한 후 문제가 없을 시 자신의 로컬 저장소에 저장된 블록체인에 최신 블록을 추가하고 World state 데이터베이스를 업데이트하는 작업을 수행합니다.

오더링 서비스

orderer는 트랜잭션을 정렬한 후 최신 블록을 생성합니다. 이러한 orderer의 **오더링 서비스(Ordering service)** 기능은 아파치(Apache) 소프트웨어 재단에서 개발한 **카프카(Kafka)** 분산 메시징 시스템을 이용해 구현되어 있습니다. 이번 절에서는 카프카에 대해서 간단하게 알아본 뒤 카프카가 하이퍼레저 패브릭에서는 어떻게 동작하는지 알아보겠습니다.

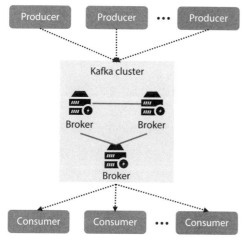

● 카프카의 Pub-Sub 구조

카프카는 대표적인 **Pub-Sub**(Publish-Subscribe) 모델로서 **Consumers**가 **Producer**로부터 **Topic** 단위로 구분된 메시지를 수신하는 분산 메시징 시스템입니다.

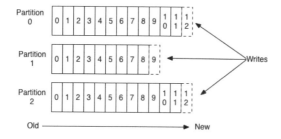

● **카프카 파티션 구조**(출처: URL http://kafka.apache.org/081/documentation.html)

Producer는 Broker로 구성된 **카프카 클러스터**(Kafka cluster)로 Topic 메시지를 전달하면 카프카 클러스터는 위 그림과 같은 구조처럼 Topic 메시지를 파티션에 순차적으로 정렬하여 저장하게 됩니다. 이때 Topic 메시지는 여러 파티션에 복사되어 저장되는데, 이러한 구조를 바탕으로 특정 파티션을 담당하는 Broker에 장애가 발생하더라도 다른

Broker의 파티션으로부터 손실된 정보를 불러올 수 있기 때문에 시스템의 안정성을 향상시킬 수 있습니다.

카프카 클러스터는 Topic별로 일정 시간이 경과하거나 일정 크기 이상의 메시지가 들어오게 되면 해당 Topic에 대한 메시지를 Consumer에게 전달하게 됩니다.

그렇다면 이러한 카프카의 기능들이 orderer에서는 어떻게 쓰일 수 있을까요? 앞서 카프카는 Topic별로 메시지를 구분하여 메시지를 처리하는 시스템이라고 했습니다. 하이퍼레저 패브릭에서는 각 채널의 분산원장이 카프카의 Topic으로 처리됩니다. 그리고 블록을 생성하는 orderer는 Producer가 되고, 생성된 블록을 수신받는 peer는 Consumer가 될 수 있습니다.

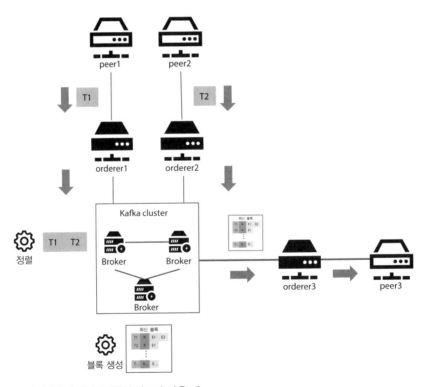

● **하이퍼레저 패브릭에서의 카프카 사용 예**

위에 그림을 보면 트랜잭션을 전달받은 orderer가 카프카 클러스터를 통해 블록을 생성하는 Producer 역할을 하고 있습니다. 그리고 생성된 블록을 전달받는 peer가 Consumer 역할을 하고 있습니다.

카프카 외 orderer 1대가 자체적으로 트랜잭션을 정렬하고 블록을 생성하는 **Solo** 오더링 서비스가 있지만, 상용화 모델에서는 사용할 수 없으며 주로 개발자들의 테스트 환경 구축을 위해 사용되고 있습니다.

2.2 네트워크 구축 과정

하이퍼레저 패브릭에서는 보통 2개 이상의 조직들이 협정을 맺어 네트워크를 구축합니다. 이후 조직 간 이해관계에 맞게 정책을 설정한 후 채널을 생성하여 비즈니스 네트워크를 구축하게 됩니다. 앞 절에서 하이퍼레저 패브릭을 이루는 구성요소들의 특징과 역할을 알아보았습니다. 이번 절에서는 이러한 구성요소들을 이용해 네트워크를 구축하는 과정을 알아보겠습니다.

비슷한 목적을 가진 조직들이 협정을 맺는 것을 **컨소시엄**(Consortium)이라고 하는데, 위 그림은 3개의 조직이 컨소시엄을 맺은 하이퍼레저 패브릭 네트워크를 보여주고 있습니다. 해당 컨소시엄에는 2개의 채널을 통해 각각 다른 비즈니스가 구축되어 있습니다. Org1은 채널1에 참여, Org2는 채널2에 참여, 그리고 Org3은 채널1과 채널2에 모두 참여하고 있습니다.

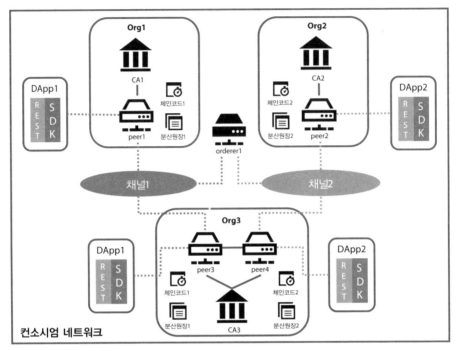

● 네트워크 구축 예제 완성도

위의 완성된 예제를 바탕으로 컨소시엄의 협정부터 분산 애플리케이션이 만들어지기
까지 하이퍼레저 패브릭 네트워크가 어떻게 구축되는지 알아보겠습니다. 그림이 다소
복잡해 보이지만 구축 과정을 하나하나 분리해서 살펴본다면 그리 어렵지 않을 것입
니다.

> **NOTE**
>
> 꼭 다음과 같은 순서대로 네트워크를 구축할 필요는 없습니다. 다음의 예제는 네트워크 구축의
> 큰 흐름을 보여드리기 위함이고, 순서가 다소 바뀐다고 하더라도 네트워크를 정상적으로 구축
> 할 수 있습니다. 현재, Hyperledger Composer를 이용하는 방법 등 다양한 방식으로 하이퍼레
> 저 패브릭 네트워크를 구축할 수 있습니다.

2.2.1 오더링 서비스 노드 구축

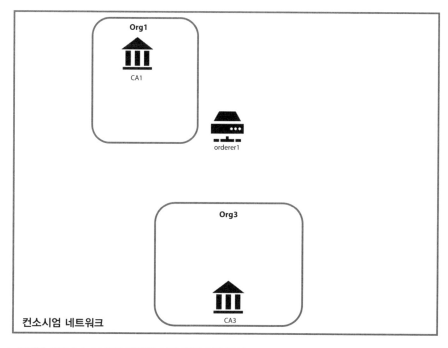

● 오더링 서비스 노드 구축 및 컨소시엄 참여 조직 정의

먼저, 컨소시엄 참여 조직 간 협의하에 오더링 서비스 노드를 구축한 후 향후 추가될 peer, 채널, 클라이언트, 네트워크 정책, 채널 정책 등을 오더링 서비스에 저장된 configuration block을 통해 설정할 수 있습니다(Org2는 나중에 등장합니다).

2.2.2 채널 생성

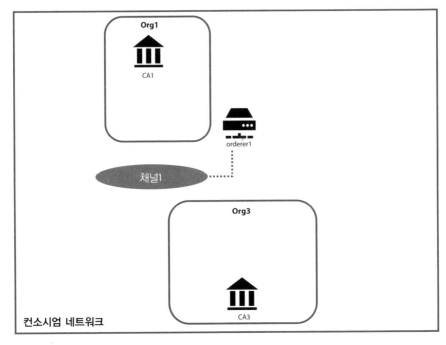

● 채널 생성

다음으로, 오더링 서비스 노드를 통해 채널1을 생성합니다. 채널1은 컨소시엄을 구성한
조직 중 비즈니스 이해관계가 맞는 조직 간에만 데이터를 공유하는 기능을 제공해 줍
니다(현재 채널이 생성만 되어 있고 조직의 peer들이 참여한 상태는 아닙니다).

2.2.3 채널 참여

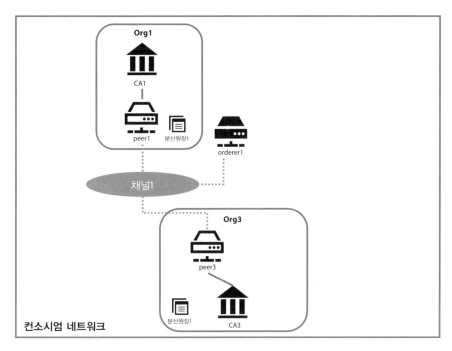

● **조직에 peer 설치 및 채널 참여**

Org1과 Org3은 자신의 데이터 센터에 peer를 설치한 후 채널1에 참여시킵니다. 채널1에 참여한 peer는 채널1에서 사용되는 분산원장1을 자신의 로컬 저장소에 저장하고 이를 통해 비즈니스 데이터를 공유할 수 있습니다.

peer는 아래 네 가지 역할 중 하나 이상을 선택해서 설치할 수 있습니다.

- **Committing peer**: 최신 블록에 대한 검증 작업을 수행하는 peer입니다. 모든 peer는 Committing peer 역할을 수행해야 합니다.
- **Endorsing peer**: Endorsing peer는 분산 애플리케이션이 제출하는 트랜잭션의 보증 여부를 판단하는 peer입니다. 분산 애플리케이션이 Endorsing peer에게 트랜잭션을 제출하면 Endorsing peer는 트랜잭션의 입력값을 이용해 체인코드를

시뮬레이션합니다. 만약 시뮬레이션 결괏값에 문제가 없다면 Endorsing peer는 Read/Write set과 함께 자신의 Identity가 포함된 디지털 인증서를 분산 애플리케이션으로 보내 줍니다

- **Leader peer**: 조직의 대표로서 오더링 서비스 노드와 연결되어 최신 블록에 대한 업데이트를 전달받는 peer입니다. Leader peer가 아닌 peer들은 Leader peer 로부터 최신 블록을 전달받습니다.
- **Anchor peer**: 조직의 peer들 중 대표로, 다른 조직에 설치된 peer 간의 통신을 담당하는 peer입니다.

2.2.4 체인코드/분산 애플리케이션 설치

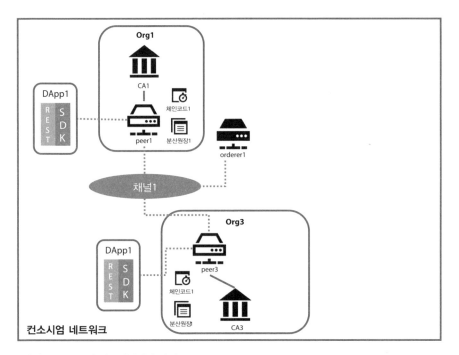

● 체인코드 및 분산 애플리케이션 설치

peer 설치까지 완료했으면 다음으로 체인코드와 분산 애플리케이션을 설치할 수 있습니다. 체인코드는 채널 참여자들의 비즈니스 목적에 맞는 스마트 컨트랙트 기능을 가지고 있고 (Endorsing)peer에 설치됩니다. 그리고 각 조직의 채널 참여자들은 체인코드 기능에 알맞은 분산 애플리케이션을 개발하여 이를 통해 트랜잭션을 체인코드가 설치되어 있는 Endorsing peer로 제출할 수 있습니다.

2.2.5 새로운 조직/채널 추가

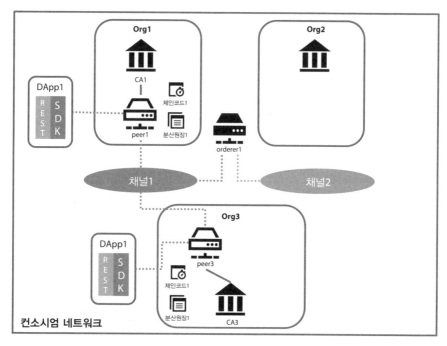

● **조직/채널 추가 후 네트워크 구성도**

위 그림은 기존의 컨소시엄에 새로운 조직이 참여하는 것을 보여주고 있습니다. 오더링 서비스를 통해 새로운 조직(Org2)을 생성하고 채널 정책을 수정한 후 채널2를 생성했습니다.

2.2.6 새로운 조직의 남은 구성요소 설치

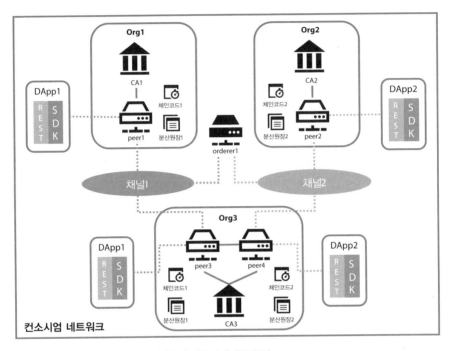

● Org2의 채널 참여/체인코드 설치 /분산 애플리케이션 설치

컨소시엄에 새로 참여한 Org2는 자신의 데이터센터에 peer를 설치한 후 채널2에 참여
시킵니다. 그리고 채널2 비즈니스 목적에 맞는 체인코드2와 분산 애플리케이션(DApp2)
을 설치합니다. Org2와 Org3가 비즈니스 협정을 맺었다는 가정하에 Org3는 자신의
peer4를 채널2에 참여시킨 후 마찬가지로 체인코드2와 분산 애플리케이션(DApp2)을 설
치합니다. 끝으로, Org2의 peer2와 Org3의 peer4는 분산원장2를 통해서 서로의 비즈
니스 데이터를 공유할 수 있습니다.

이번 절에서는 하이퍼레저 패브릭 블록체인 기반으로 구축된 은행에서 일어나는 계좌 이체 과정을 통해 트랜잭션이 어떻게 처리되는지 알아보겠습니다.

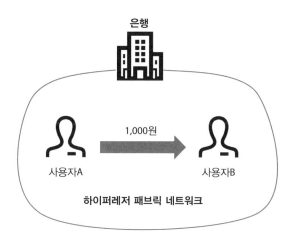

● **하이퍼레저 패브릭 블록체인 기반의 금융 거래 예제**

위의 그림은 사용자A가 사용자B에게 1,000원을 송금하는 것을 나타내고 있습니다. 앞 절이 하이퍼레저 패브릭 네트워크 구축에 관한 내용이었다면 이번 절에서는 은행을 위한 하이퍼레저 패브릭 네트워크 구축, 계좌 이체용 체인코드와 분산 애플리케이션 개발, 그리고 사용자와 은행 간의 디지털 인증서 생성은 이미 모두 완료가 됐다는 가정 하에 **트랜잭션 처리 과정**에 대해서 살펴볼 것입니다.

그럼, 다음의 6단계의 예제를 통해 트랜잭션이 어떤 식으로 처리되는지 한번 알아보 겠습니다.

2.3.1 트랜잭션 생성

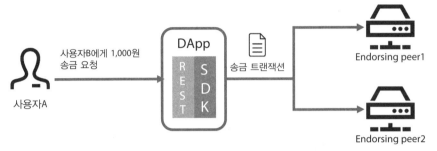

● **송금 트랜잭션 생성 과정**

사용자A는 분산 애플리케이션을 통해 사용자B에게 1,000원을 송금하는 트랜잭션 생성을 요청합니다. 트랜잭션 생성 요청을 받은 분산 애플리케이션은 사용자B에게 1,000원을 송금하는 내용의 트랜잭션을 생성한 뒤 Endorsing peer에게 전송합니다

2.3.2 트랜잭션 보증

분산 애플리케이션으로부터 트랜잭션을 수신한 Endorsing peer는 다음과 같은 항목을 검사합니다.

- 체인코드 **시뮬레이션** 결괏값으로 생성된 Read/Write set이 올바른지
- 동일한 트랜잭션이 발생한 적 있는지 여부(리플레이 공격(replay-attaack) 방지)
- 사용자A의 MSP가 유효한지
- 사용자A가 분산원장 업데이트 권한을 가지고 있는지(channel MSP 확인)

특히 첫 번째 항목을 보면, Endorsing peer는 트랜잭션의 Proposal과 Chaincode name 필드, World state 데이터베이스를 참조하여 체인코드를 시뮬레이션합니다. 그리고 시뮬레이션 결괏값으로 생성된 Read/Write set을 확인하여 트랜잭션의 보증 여부를 판단하게 됩니다.

트랜잭션 보증 단계에서는 World state 데이터베이스를 바탕으로 체인코드 '시뮬레이션'만 수행합니다. 이 단계에서는 분산원장에 트랜잭션 데이터가 기록되지 않습니다.

그 밖에도 이중 지불 방지를 위해 트랜잭션의 version을 확인하고 인증과 권한 확인을 위해 MSP도 검사하게 됩니다.

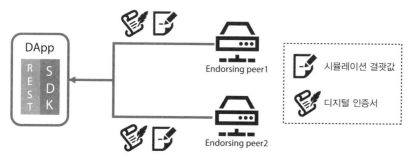

● **트랜잭션 결괏값과 보증을 위한 디지털 인증서 전송**

네 가지 항목을 검사하고 이상이 없으면 Endorsing peer는 Read/Write set과 자신의 Identity로 서명한 디지털 인증서를 분산 애플리케이션에 전송합니다. 보증 정책에 따라서 Endorsing peer의 디지털 인증서는 한 개 혹은 여러 개가 필요하게 됩니다. 예제에서는 Endorsing peer1과 Endorsing peer2에게 보증을 받아야 한다고 가정하겠습니다.

2.3.3 시뮬레이션 결괏값/디지털 인증서 확인

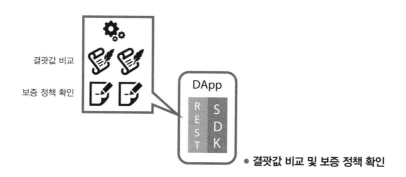

● **결괏값 비교 및 보증 정책 확인**

Endorsing peer로부터 시뮬레이션 결괏값을 전달받은 분산 애플리케이션은 자신이 예
상한 값과 Read/Write set이 동일한지를 확인하는 작업을 합니다. 예제에서의 Read/
Write set은 다음과 같습니다.

- **Read** – {(사용자A, 사용자A의 잔액, 현재 State DB의 레코드 버전(현재 블록체인 높이); (사용
  자B, 사용자B의 잔액, 현재 State DB의 레코드 버전(현재 블록체인 높이)}
- **Write** – {(사용자A, 사용자A의 잔액-1,000원); (사용자B, 사용자B의 잔액+1,000원)}

보증 정책을 충족시키는 Endorsing peer의 디지털 인증서가 수신됐는지도 검사하는데,
이 예제의 경우는 Endorsing peer1과 Endorsing peer2의 디지털 인증서가 있는지 확인
하게 됩니다.

> **NOTE**
>
> 이때 Read/Write set이 예상한 값과 다르거나 보증 정책을 충족시키지 못했다고 하더라도 분산
> 애플리케이션은 강제로 해당 트랜잭션을 orderer에 전송하여 블록에 포함시키는 시도를 할 수
> 도 있습니다.

2.3.4 최신 블록 생성

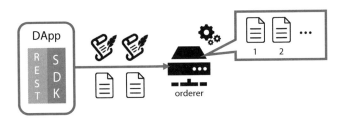

- **오더링 서비스 노드에 트랜잭션 전송**

분산 애플리케이션은 블록을 생성하기 위해 Read/Write set과 Endorsing peer의 디
지털 인증서가 담긴 트랜잭션을 orderer로 브로드캐스트합니다. 트랜잭션을 수신한

orderer는 트랜잭션 정렬에 필요한 Timestamp 필드 등을 확인한 후, 블록에 포함될 트랜잭션을 정해진 순서대로 정렬하여 최신 블록을 생성합니다.

2.3.5 최신 블록 검증

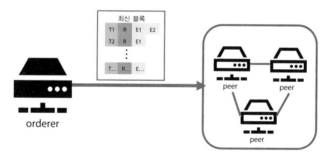

● **최신 블록을 Committing peer에게 전송**

orderer는 최신 블록을 Committing peer로 전달합니다. 최신 블록을 전달받은 Committing peer는 해당 블록을 검증하기 위해 VSCC 시스템 체인코드를 실행하여 블록에 포함된 각각의 트랜잭션마다 다음과 같은 작업을 수행합니다.

· **보증 정책 확인**: 최신 블록을 전달받은 peer는 블록에 포함된 각각의 트랜잭션마다 보증 정책에 부합하는 Endorsing peer의 디지털 인증서가 존재하는지 확인합니다. 만약 보증 정책을 만족시키지 않는다면 해당 트랜잭션은 부적합(invalid)

판정을 받고 최신 블록에 트랜잭션 내용이 반영되지 않습니다.

- **Read/Write set 확인**: 블록에 포함된 각 트랜잭션마다 Read/Write set 결괏값을 확인합니다. Read set에 포함된 키 값이 사용될 때의 State DB의 레코드 버전(블록 버전(version))을 확인한 후, 현재 블록체인의 버전과 일치하는지 확인합니다. 마찬가지로, 만약 일치하지 않는다면 해당 트랜잭션은 부적합 판정을 받고 최신 블록에 트랜잭션 내용이 반영되지 않습니다.

Committing peer는 위의 검사를 마친 후 트랜잭션의 보증 여부에 따라서 각 트랜잭션마다 유효(valid) 혹은 무효(invalid) 태그(tag)를 표시하는 작업을 수행합니다.

2.3.6 최신 블록 업데이트

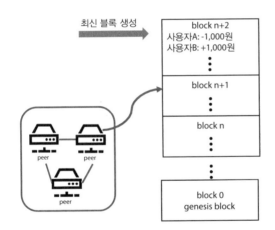

● **채널 내 모든 peer의 분산원장 업데이트**

최신 블록 검증 단계까지 모두 통과한다면 peer는 자신의 로컬 저장소에 저장되어 있는 블록체인에 최신 블록을 추가하여 저장합니다. 또한, 앞서 수행했던 트랜잭션 검증 작업 후에 **유효 태그를 가진 트랜잭션의 내용만을 World state 데이터베이스에 업데이트하게 됩니다(무효 태그를 가진 트랜잭션 또한 블록체인에 저장되지만 World state 데이터베이스에는 반영되지 않습니다).**

마지막으로, World state 데이터베이스까지 트랜잭션 업데이트가 완료된다면 분산원장을 통해 사용자A는 1,000원이 줄어든 것을 확인할 수 있고, 사용자B는 1,000원이 증가한 것을 확인할 수 있습니다.

2.4 합의

비트코인, 이더리움 등이 PoW(Proof of Work), PoS(Proof of Stake), BFT(Byzantine Fault Tollerance)와 같은 특정 알고리즘 하나를 합의라고 칭하는 것과 달리, 하이퍼레저 패브릭에서는 2.3절에서 언급한 트랜잭션 생성부터 최신 블록이 peer에 저장되기까지의 모든 과정을 합의라고 합니다.

- 보증 정책 확인(Endorsement)
- 트랜잭션을 정해진 순서에 맞춰 정렬(Ordering)
- 정렬된 트랜잭션의 유효성 검증 후 최신 블록 업데이트(Validation)

이 중에서 트랜잭션을 정렬하는 방법은 사용자가 목적에 맞게 선택할 수 있는데, 현재 카프카(Kafka)와 Solo를 지원하고 있습니다(2019년에 Raft 기반의 합의 알고리즘 지원 예정). 카프카는 트랜잭션을 순차적으로 정렬하고, 여러 개의 노드를 클러스터 형태로 구성하여 특정 노드에 장애가 발생했을 시 다른 노드가 그 역할을 대신할 수 있는 장애 허용(crash fault tolerance) 트랜잭션 정렬 시스템입니다. Solo는 orderer 한 대가 트랜잭션의 정렬부터 최신 블록 생성까지 모든 것을 담당하는 시스템입니다. 카프카와 달리 장애 허용에 대한 기능이 없고, 상용화 시스템에서는 사용할 수 없으며 주로 개발 환경 구축에 사용되는 기술입니다.

하이퍼레저 패브릭 실습 3

이 장에서는 실습을 통해 하이퍼레저 패브릭이 어떻게 작동하는지 알아보겠습니다. 현재 하이퍼레저 패브릭에서 제공하는 하이퍼레저 패브릭 구동 예제는 모두 하나의 호스트 PC에 다수의 네트워크 노드를 설치하는 도커(Docker) 환경을 바탕으로 만들어져 있습니다. 개인적인 생각으로 이러한 예제를 바탕으로는 상용화 시스템 구축도 어려울뿐더러 도커 환경에 익숙하지 않다면 시스템을 이해하는 데 어려움이 클 것으로 판단됩니다. 따라서 이 책에서는 좀 더 상용화 환경에 가깝고 시스템을 좀 더 직관적으로 이해하기 위해, 도커를 사용하지 않은 멀티호스트 환경에서의 하이퍼레저 패브릭 네트워크 구축 실습을 제공하겠습니다.

3.1 패브릭 설치

3.1.1 사전 준비

이번 절에서는 하이퍼레저 패브릭 실습에 필요한 구성요소들을 설치해 보겠습니다. 하이퍼레저 패브릭 v1.3 기준으로 다음과 같은 프로그램들이 필요합니다.

- VirtualBox
- Go v1.10.4
- Docker Compose
- git
- GNU libtool
- openssh-server

- Ubuntu 18.04.1
- Docker 17.06.2-ce
- pip
- curl
- tree
- net-tools

각 구성요소를 설치하는 과정을 하나씩 알아보겠습니다.

버추얼박스 및 우분투 설치

이 책에서는 버추얼박스(VirtualBox)의 가상 머신에 우분투 및 필수 구성요소들을 설치
한 후에 하이퍼레저 패브릭 네트워크를 구축하겠습니다.

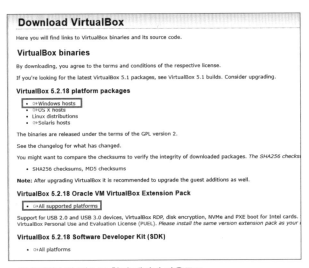

Download VirtualBox

Here you will find links to VirtualBox binaries and its source code.

VirtualBox binaries

By downloading, you agree to the terms and conditions of the respective license.

If you're looking for the latest VirtualBox 5.1 packages, see VirtualBox 5.1 builds. Consider upgrading.

VirtualBox 5.2.18 platform packages

- ⇨ Windows hosts
- ⇨ OS X hosts
- Linux distributions
- ⇨ Solaris hosts

The binaries are released under the terms of the GPL version 2.

See the changelog for what has changed.

You might want to compare the checksums to verify the integrity of downloaded packages. *The SHA256 checks*

- SHA256 checksums, MD5 checksums

Note: After upgrading VirtualBox it is recommended to upgrade the guest additions as well.

VirtualBox 5.2.18 Oracle VM VirtualBox Extension Pack

- ⇨ All supported platforms

Support for USB 2.0 and USB 3.0 devices, VirtualBox RDP, disk encryption, NVMe and PXE boot for Intel cards.
VirtualBox Personal Use and Evaluation License (PUEL). *Please install the same version extension pack as your*

VirtualBox 5.2.18 Software Developer Kit (SDK)

- ⇨ All platforms

● 버추얼박스와 게스트 확장 패키지 다운로드

우선, 버추얼박스 웹사이트에서 호스트 PC 운영체제에 맞는 버추얼박스와 게스트 확
장 패키지(VirtualBox Extension Pack)를 다운로드합니다(버추얼박스 버전이 바뀌게 되면 최신
버전을 다운로드합니다).

● 게스트 확장 패키지 설치

버추얼박스 설치부터 완료한 후 좌측 상단에 파일 ➡ 환경설정 ➡ 확장탭으로 들어가서 다운받은 게스트 확장 패키지를 선택하여 설치해줍니다.

다음으로, 우분투 웹사이트에 접속 후 18.04.1 데스크탑 이미지를 다운로드합니다 (18.04.1이 최신 버전이 아니라면 아래 사이트에 접속해서 18.04.1 버전을 다운로드합니다).

URL http://old-releases.ubuntu.com/releases/bionic/

사이트 접속 후 'ubuntu-18.04.1-desktop-amd64.iso'를 검색해서 다운로드합니다(약 1.8GB).

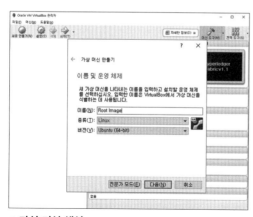

● 가상 머신 생성

다음으로, 왼쪽 상단의 '새로 만들기' 버튼을 클릭합니다. 그리고 앞의 그림과 같이 가상 머신 이름과 종류, 버전을 선택하고 '다음' 버튼을 클릭합니다.

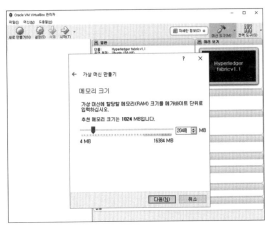

● 메모리 설정

필자가 시험한 결과, 하이퍼레저 패브릭 노드를 구동할 수 있는 최소 메모리 사양은 2048MB였기에 가상 머신의 메모리는 '2048MB'로 설정해 줍니다. 필요하다면 가상 머신 생성 후에도 메모리는 변경할 수 있습니다.

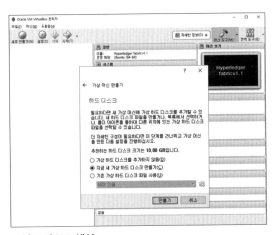

● 하드 디스크 생성

'지금 새 가상 하드 디스크 만들기'를 선택하고 '만들기'를 클릭합니다.

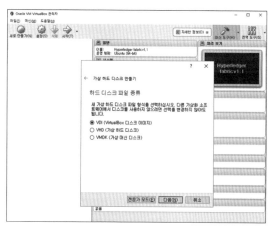

● 하드 디스크 파일 종류 선택

하드 디스크 파일 종류를 'VDI'로 선택합니다. 참고로, VDI는 버추얼박스에서 사용하는 가상 머신의 하드디스크 포맷 방식입니다.

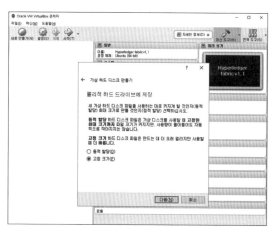

● 고정 크기 선택

빠른 실행 환경을 위해 '고정 크기'를 선택하고 '다음'을 클릭합니다.

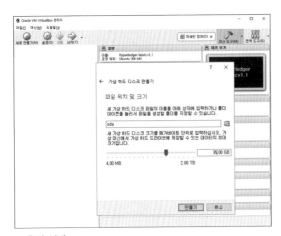

● 용량 선택

하이퍼레저 패브릭을 구동할 수 있는 최소 디스크 용량은 35GB 가량 됩니다. 사용 중인 PC의 용량이 500GB 이상 남아 있다면 '40GB'로 사용하고, 그렇지 않다면 '35GB'로 사용합니다.

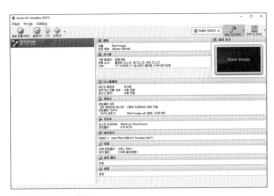

● 이미지 생성 완료

이로써 우분투를 설치할 가상 머신 생성을 완료하였습니다.

● 네트워크 설정

가상 머신에 우분투를 설치하기에 앞서 가상의 하이퍼레저 패브릭 네트워크를 구성하기 위한 네트워크 설정을 먼저 하겠습니다. 생성한 가상 머신을 선택한 후 왼쪽 상단의 '설정'을 클릭합니다. 다음으로, '네트워크' 탭으로 들어가서 '어댑터 2'를 선택합니다. 그리고 위 그림과 같이 **'호스트 전용 어댑터'**를 선택한 후 확인 버튼을 클릭합니다. 호스트 전용 어댑터를 통해 버추얼박스 VM 간의 네트워크가 연결됩니다.

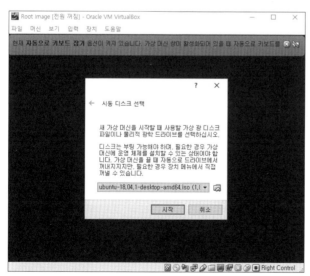

● 우분투 이미지 선택

앞서 다운로드한 우분투 이미지를 선택한 후 우분투 설치를 완료합니다(기본 설정으로
Next 등의 버튼을 누르시면 됩니다). 저는 사용자 ID와 Home 디렉터리가 모두 fabric이 되
도록 설정하였습니다.

호스트 PC와 가상 머신의 클립보드(복사/붙여넣기) 공유를 위해 게스트 확장 CD를 설
치하겠습니다. 먼저, 우분투 설치 완료 후 터미널을 열어 다음의 명령어를 실행합니다.

● 게스트 확장 CD 필요 도구 설치

```
$ sudo apt-get install virtualbox-guest-dkms
$ sudo apt-get install linux-headers-virtual
```

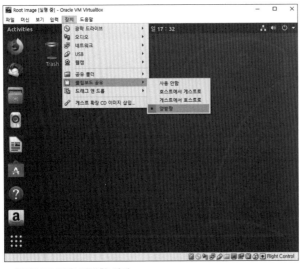

● **클립보드 공유 양방향 선택**

설치를 완료한 후 위 그림과 같이 클립보드 공유 옵션을 '양방향'으로 선택합니다.

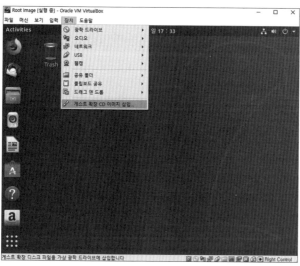

● 게스트 확장 CD 삽입

다음으로, 위 그림과 같이 '게스트 확장 CD 이미지 삽입'을 클릭합니다.

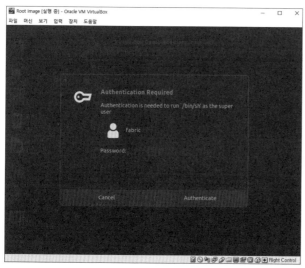

● 비밀번호 입력

마지막으로, 우분투 설치 시 설정한 비밀번호를 입력하고 게스트 확장 CD 설치를 완료합니다. 이제 호스트 PC에서 복사한 텍스트를 가상 머신으로 붙여넣기 할 수 있고 반대의 경우도 가능하게 됩니다.

Go 설치

다음으로, Go 언어를 설치하겠습니다.

> **NOTE**
>
> 앞으로 특별한 언급이 없을 시 모든 작업은 Root 계정에서 진행하겠습니다. 다만, 실제 시스템 운영 환경에서는 Root 계정 사용에 각별한 주의를 당부드립니다. 잘못된 Root 계정 사용은 시스템 전체를 망가트릴 수 있습니다.

다음 명령어를 통해 Go를 다운로드한 후 압축을 풀어줍니다.

● Go 다운로드 및 압축 해제

```
fabric@Root-Image:~$ sudo -i
root@Root-Image:~# wget https://storage.googleapis.com/golang/go1.10.4.↴
linux-amd64.tar.gz
root@Root-Image:~# tar -xvf go1.10.4.linux-amd64.tar.gz
```

다음으로, GOPATH와 GOROOT를 설정하겠습니다. GOPATH와 GOROOT는 하이퍼레저 패브릭 실행 시 꼭 필요한 환경변수이기 때문에 하이퍼레저 패브릭을 처음 설치하는 분들은 책에서 알려주는 방법과 똑같이 GOPATH와 GOROOT의 설정을 추천합니다.

● GOPATH/GOROOT 환경변수 설정

```
root@Root-Image:~# mkdir /root/gopath
root@Root-Image:~# gedit /etc/profile
```

파일 하단에 다음과 같이 입력합니다.

• /etc/profile

```
export GOPATH=/root/gopath
export GOROOT=/root/go
export PATH=$PATH:$GOROOT/bin
```

저장하고 종료한 후 설정한 환경변수를 시스템에 업데이트합니다.

• 환경변수 업데이트

```
root@Root-Image:~# source /etc/profile
```

설정을 완료했으면 터미널에 'cd $GOPATH', 'cd $GOROOT'를 입력해 봅니다. 정상적
으로 환경변수가 업데이트됐다면 환경변수에서 설정한 경로로 이동하게 됩니다. 만약
이동되지 않는다면, 위의 설정이 잘 적용되어 있는지 설정 파일을 다시 확인해 보기 바
랍니다.

• 환경변수 설정 확인

```
root@Root-Image:~# cd $GOPATH
root@Root-Image:~#/gopath# cd $GOROOT
root@Root-Image:~#/go#
```

pip, git, curl, GNU libtool, tree, openssh-server, net-tools 설치
하이퍼레저 패브릭 설치 및 실행을 위한 기타 도구들을 설치합니다.

• 기타 개발 도구 설치

```
root@Root-Image:~# apt-get install python-pip
root@Root-Image:~# apt-get install git
root@Root-Image:~# apt-get install curl
root@Root-Image:~# apt-get install libltdl-dev
root@Root-Image:~# apt-get install tree
root@Root-Image:~# apt-get install openssh-server
root@Root-Image:~# apt-get install net-tools
```

docker, docker-compose 설치

다음으로, Docker와 docker-compose를 설치하겠습니다. 먼저, 하이퍼레저 패브릭 공식 문서에서는 도커 17.06.2 버전을 사용하라고 명시하고 있습니다. 따라서 Docker 17.06.2 버전을 다운로드한 후에 압축을 풀어줍니다. 그리고 "docker run hello-world" 명령어 실행 시 다음과 같이 작동하면 도커 설치가 정상적으로 완료된 것입니다.

● 도커 다운로드 및 테스트

```
root@Root-Image:~# wget https://download.docker.com/linux/ubuntu/dists/↴
xenial/pool/stable/amd64/docker-ce_17.06.2~ce-0~ubuntu_amd64.deb
root@Root-Image:~# dpkg -i docker-ce_17.06.2~ce-0~ubuntu_amd64.deb
root@Root-Image:~# docker run hello-world
```

```
root@Root-Image:~# docker run hello-world
Unable to find image 'hello-world:latest' locally
latest: Pulling from library/hello-world
d1725b59e92d: Pull complete
Digest: sha256:0add3ace90ecb4adbf7777e9aacf18357296e799f81cabc9fde470971e499788
Status: Downloaded newer image for hello-world:latest

Hello from Docker!
This message shows that your installation appears to be working correctly.

To generate this message, Docker took the following steps:
 1. The Docker client contacted the Docker daemon.
 2. The Docker daemon pulled the "hello-world" image from the Docker Hub.
    (amd64)
 3. The Docker daemon created a new container from that image which runs the
    executable that produces the output you are currently reading.
 4. The Docker daemon streamed that output to the Docker client, which sent it
    to your terminal.

To try something more ambitious, you can run an Ubuntu container with:
 $ docker run -it ubuntu bash

Share images, automate workflows, and more with a free Docker ID:
 https://hub.docker.com/

For more examples and ideas, visit:
 https://docs.docker.com/get-started/

root@Root-Image:~#
```

● **docker run hello-world 실행 화면**

다음으로, docker-compose를 설치하겠습니다. 설치 완료 후 다음과 같이 버전이 표시되면 docker-compose 설치가 완료된 것입니다(1.14.0 이상 버전이 설치되어야 합니다).

● **docker-compose 설치**

```
root@Root-Image:~# pip install docker-compose
root@Root-Image:~# docker-compose --version
docker-compose version 1.22.0, build f46880f
```

이것으로 하이퍼레저 패브릭을 설치하기 위한 사전 준비를 모두 마쳤습니다.

Atom 설치

3.2절과 3.3절의 실습을 수행하기 위해서는 복잡한 경로에 디렉터리를 생성하거나 수정하여야 합니다. 이러한 작업을 리눅스 터미널을 통해서 하게 되면 작업 시간도 오래 걸리고 오타 등으로 인해 실수할 가능성이 커지게 됩니다. 부록 B에서 소개하는 Atom 텍스트 에디터를 사용하게 되면 디렉터리와 파일 생성, 수정, 복사 등의 작업을 사용자 친화적인 환경에서 수행할 수 있는데, Atom 텍스트 에디터를 사용하길 원하는 분은 부록 B를 참고하길 바랍니다.

3.1.2 하이퍼레저 패브릭 설치

모든 사전 준비를 무사히 완료했으면 다음으로 하이퍼레저 패브릭을 설치하겠습니다. 먼저, 하이퍼레저 패브릭을 설치할 디렉터리를 생성합니다. 그리고 생성한 디렉터리로 이동 후 git을 이용하여 하이퍼레저 패브릭 v1.3을 다운로드합니다.

● 하이퍼레저 패브릭 1.3 버전 다운로드

```
root@Root-Image:~# mkdir -p $GOPATH/src/github.com/hyperledger
root@Root-Image:~# cd $GOPATH/src/github.com/hyperledger
root@Root-Image:~/gopath/src/github.com/hyperledger# git clone -b ↴
release-1.3 https://github.com/hyperledger/fabric
```

다운로드한 하이퍼레저 패브릭 디렉터리로 이동 후 컴파일 작업을 수행합니다.

> **NOTE**
>
> 같은 v1.3 버전이더라도 커밋(commit) 시점에 따라서 프로그램이 조금씩 달라질 수 있습니다. 정확한 실습 환경 구성을 위해 git reset --hard 명령어를 사용하여 제가 사용한 프로그램과 동일한 브랜치로 이동한 후 컴파일하겠습니다(이해가 잘 안 가면 구글에서 '깃 브랜치'를 검색해 보기 바랍니다).

> **NOTE**
>
> 'make peer', 'make orderer' 명령어를 통해 각 노드의 필요한 패키지만 컴파일할 수 있습니다만, 이 책에서는 실습의 편의를 위해 모든 노드에 모든 패키지를 컴파일하겠습니다.

> **NOTE**
>
> 컴파일 작업 중 외부에서 프로그램을 다운로드받는 과정이 있기 때문에 인터넷이 연결되어 있어야 합니다.

● 하이퍼레저 패브릭 소스 컴파일

```
root@Root-Image: ~/gopath/src/github.com/hyperledger# cd fabric
#git reset --hard 명령어를 통해 필자가 사용한 하이퍼레저 패브릭 프로그램과 동일한 커밋 시점으로 이동
root@Root-Image:~/gopath/src/github.com/hyperledger/fabric# git reset --hard↵
d942308df6302d3510e835bad62f861ad854b4b3
#아래 메시지가 보이면 정상적으로 커밋 시점 이동 완료
HEAD is now at d942308df [FAB-12440] disable go imports in linting
root@Root-Image:~/gopath/src/github.com/hyperledger/fabric# make
```

약 10~20분 가량의 시간이 지나면 다음과 같이 unit-test_1이 반복적으로 나타나게 됩니다. 이때 Ctrl + C를 눌러 unit-test_1을 강제 종료합니다.

```
99e6a41c35bd: Already exists
87b2e4a0b9d2: Already exists
55f108d3ee4a: Already exists
76d29739374b: Pull complete
8e29d2dddc78: Pull complete
6bb3eb1b6cb1: Pull complete
Digest: sha256:738bb79f02aa505a9ab0553a865122605ffba91d1b5de6eb0429f7287e83ac7c
Status: Downloaded newer image for hyperledger/fabric-kafka:x86_64-0.4.6
docker tag hyperledger/fabric-kafka:x86_64-0.4.6 hyperledger/fabric-kafka
cd unit-test && docker-compose up --abort-on-container-exit --force-recreate && docker-compose down
WARNING: The TEST_PKGS variable is not set. Defaulting to a blank string.
WARNING: The JOB_TYPE variable is not set. Defaulting to a blank string.
Creating couchdb ... done
Creating unit-test_unit-tests_1 ... done
Attaching to couchdb, unit-test_unit-tests_1
couchdb        WARNING: no logs are available with the 'none' log driver
unit-tests_1  |
unit-tests_1  | ok      github.com/hyperledger/fabric/bccsp        0.003s  coverage: 100.0% of statements
unit-tests_1  | ok      github.com/hyperledger/fabric/bccsp/pkcs11     0.034s  coverage: 19.3% of statemen
ts
unit-tests_1  | ok      github.com/hyperledger/fabric/bccsp/signer     0.019s  coverage: 100.0% of stateme
nts
^CGracefully stopping... (press Ctrl+C again to force)
```

● **unit-test_1 단계 진입**

다음으로, 하이퍼레저 패브릭 환경변수를 설정하겠습니다.

● **하이퍼레저 패브릭 환경변수 설정**

```
root@Root-Image: ~# gedit /etc/profile
파일 하단에 다음과 같이 입력합니다.
export FABRIC_HOME=/root/gopath/src/github.com/hyperledger/fabric
export PATH=$PATH:$GOPATH/src/github.com/hyperledger/fabric/.build/bin
저장 후 종료
root@Root-Image:~# source /etc/profile
```

정상적으로 설치를 완료했다면 터미널에 'cryptogen' 명령어 실행 시 다음과 같은 화면을 볼 수 있습니다. 참고로, 'cryptogen' 명령어는 3.2절에서 MSP를 생성할 때 사용되는 명령어입니다.

```
root@Root-Image:~# cryptogen
usage: cryptogen [<flags>] <command> [<args> ...]

Utility for generating Hyperledger Fabric key material

Flags:
--help  Show context-sensitive help (also try --help-long and --help-man).

Commands:
  help [<command>...]
    Show help.

  generate [<flags>]
    Generate key material

  showtemplate
    Show the default configuration template

  version
    Show version information

  extend [<flags>]
    Extend existing network


root@Root-Image:~# ▉
```

● **cryptogen 명령어 동작 확인**

실습에 들어가기 전 하이퍼레저 패브릭 시스템이 정상적으로 동작하는지를 확인하기 위해 e2e_cli 테스트를 진행하겠습니다. 아래 명령어를 이용해 e2e_cli 테스트를 시작하는 스크립트를 실행시킵니다.

● e2e_cli 테스트 실행

```
root@Root-Image:~# cd $FABRIC_HOME/examples/e2e_cli
root@Root-Image:~/gopath/src/github.com/hyperledger/fabric/examples/ ⏎
e2e_cli#./network_setup.sh up
```

다음과 같은 화면이 나오면 e2e_cli 테스트가 정상적으로 완료된 것입니다.

● e2e-cli 테스트 완료 화면

마지막으로, e2e_cli 프로세스를 종료한 후 e2e-cli 테스트를 마치겠습니다.

● e2e_cli 테스트 종료

```
ctrl+c
root@Root-Image:~/gopath/src/github.com/hyperledger/fabric/examples/ ⏎
e2e_cli#./network_setup.sh down
```

다음으로, 실습 작업을 저장할 작업 디렉터리를 생성합니다.

● 작업 디렉터리 생성

```
root@Root-Image:~# mkdir /root/testnet
root@Root-Image:~# cd testnet
```

다음으로, 시스템의 기본 설정 파일은 하이퍼레저 패브릭에서 제공하는 core.yaml 파일과 orderer.yaml 파일을 사용하겠습니다. 참고로, .yaml 확장자 파일은 시스템의 구성요소를 정의할 때 자주 사용되는 양식입니다. 작업 디렉터리로 core.yaml 파일과 orderer.yaml 파일을 복사한 후 'FABRIC_CFG_PATH' 환경변수를 설정해 줍니다.

● 시스템 기본 설정 파일 경로 지정

```
root@Root-Image:~# cp /root/gopath/src/github.com/hyperledger/fabric/↵
sampleconfig/core.yaml /root/testnet/core.yaml
root@Root-Image:~# cp /root/gopath/src/github.com/hyperledger/fabric/↵
sampleconfig/orderer.yaml /root/testnet/orderer.yaml
root@Root-Image:~# gedit /etc/profile
파일 하단에 다음과 같이 입력합니다.
export FABRIC_CFG_PATH=/root/testnet
저장 후 종료
root@Root-Image:~# source /etc/profile
```

3.2 멀티호스트 환경 운영(Cryptogen)

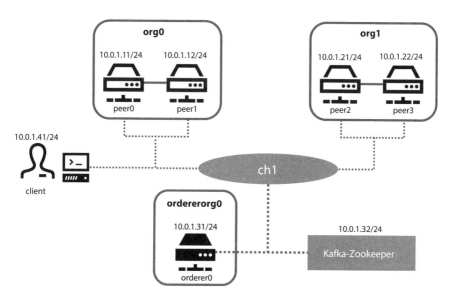

● 멀티호스트 환경 네트워크 구성도(Cryptogen)

이번 절에서는 cryptogen을 이용하여 위의 그림과 같이 하이퍼레저 패브릭 네트워크를 구축해 보겠습니다. Fabric-CA 없이 하이퍼레저 패브릭 네트워크를 구축할 경우 cryptogen을 이용하여 MSP를 생성한 후 네트워크를 구축할 수 있습니다. 하이퍼레저 패브릭에서 제공하는 도커 환경의 튜토리얼과는 달리 물리적으로 떨어진 네트워크 환경을 가정하고 하이퍼레저 패브릭 네트워크를 구축할 것입니다.

공식 문서에 최소 사양에 대한 명시가 없지만, 저자가 구동해 본 네트워크 구축에 필요한 호스트 PC의 최소 사양은 다음과 같습니다.

- CPU: 인텔 4세대 i7
- 메모리: VM당 2048MB
- 하드 디스크: VM당 35GB
- VM 구동 수: 7개

> **NOTE**
>
> 메모리나 하드 디스크 용량이 부족하다면 부록 A의 "버추얼박스를 이용한 멀티호스트 VM 네트워크 구성"을 참고하기 바랍니다.

> **NOTE**
>
> 실제 하이퍼레저 패브릭에 대한 성능 테스트를 수행해 보면 CPU 성능에 굉장히 의존적인 성향을 보입니다(검증 단계에서의 암호화된 디지털 인증서 처리 과정 때문입니다). 그러나 이 책에서 제공하는 실습 과정에서는 간단한 체인코드와 함께 기본적인 운영 과정을 습득하는 것이 목표이기 때문에 고성능 CPU는 필요 없습니다. 다만, 다양한 실습을 위해 많은 수의 VM을 생성하기를 원한다면 높은 사양의 메모리는 필요합니다(특히 3.3의 Fabric-CA를 활용한 실습에서). 고용량 메모리가 탑재된 호스트 PC가 없다면 부록 A를 참고하여 저용량 메모리가 탑재된 PC 여러 대를 가지고 실습 환경을 구축할 수 있습니다.

3.2.1 네트워크 구축

다음으로, 네트워크 노드의 Hostname과 IP를 설정하겠습니다. **루트 가상 머신(Root-Image)**에서 아래 작업을 수행합니다.

● hostname 및 hosts 파일 설정

```
root@Root-Image:~# gedit /etc/hosts
아래 내용 입력
```

● /etc/hosts

```
127.0.0.1        localhost

10.0.1.11        peer0
10.0.1.12        peer1
10.0.1.21        peer2
10.0.1.22        peer3
10.0.1.31        orderer0
10.0.1.32        kafka-zookeeper
10.0.1.41        client
```

앞 절에서 하이퍼레저 패브릭 v1.3이 설치된 루트 가상 머신 이미지를 생성하였습니다. 예제에서는 해당 이미지를 복사하는 방식으로 각각의 peer 노드와 orderer, client 노드를 생성할 것입니다. 이미지 복사를 위해 루트 가상 머신을 종료합니다.

> **NOTE**
>
> 가상 머신을 종료할 때 '현재 시스템 상태 저장하기'를 선택한 후 종료하시기 바랍니다. '시스템 전원 끄기'를 선택한 후 종료하면 가상 머신을 다시 실행할 때 CPU에 과부하가 걸릴 수도 있습니다.

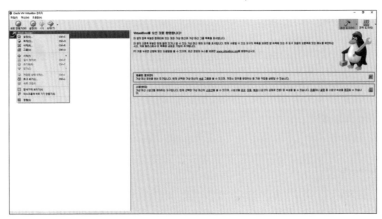

● **루트 가상 머신 복제**

처음 생성했던 하이퍼레저 패브릭 v1.3이 설치 이미지를 루트 가상 머신이라고 부르겠습니다. 루트 가상 머신을 오른쪽 마우스로 클릭한 후 복제를 선택합니다.

● **가상 머신 이름 입력**

생성할 노드의 이름을 입력합니다. 먼저, 'peer0'을 생성해 보겠습니다. '모든 네트워크 카드의 MAC 주소 초기화'를 선택한 후 다음을 클릭합니다.

● 복제 방식 선택

독립된 가상 머신을 생성하기 위해 복제 방식은 '완전한 복제'를 선택하겠습니다.

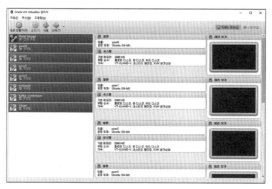

● 이미지 복제를 통한 네트워크 노드 생성

복제 작업을 반복하여 위 그림과 같이 모든 네트워크 노드 가상 머신을 생성합니다.
이로써 이번 장 실습에 필요한 네트워크 노드들이 모두 생성되었습니다.

다음으로, 각 노드마다 IP를 설정해 줍니다.

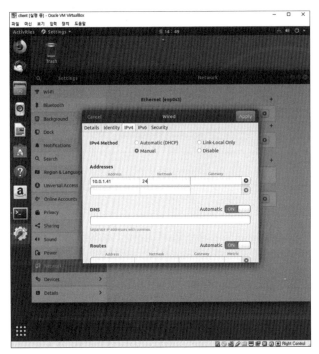

● 네트워크 노드 IP 설정

네트워크 설정으로 들어가면 랜 카드가 2개 있는 것을 확인할 수 있습니다. 하나는 인
터넷으로 통하는 IP가 설정되어 있을 것이고(주로 10.x.x.x IP), 나머지 하나는 IP가 설정
되어 있지 않을 것입니다. IP가 설정되어 있지 않은 랜 카드를 선택한 후 하이퍼레저 패
브릭 네트워크 노드의 IP를 설정해 줍니다(설정 완료 후 IP가 바로 설정되지 않을 시 랜 카드
를 한 번 비활성화한 후 다시 활성화하면 됩니다). 다음으로, 인터넷과 연결된 랜 카드는 사
용하지 않을 것이니 비활성화시켜 줍니다(인터넷과 연결된 랜 카드를 활성화시켜 놓으면 IP
주소가 잘못 지정돼서 context deadline exceeded 오류가 발생할 수 있습니다).

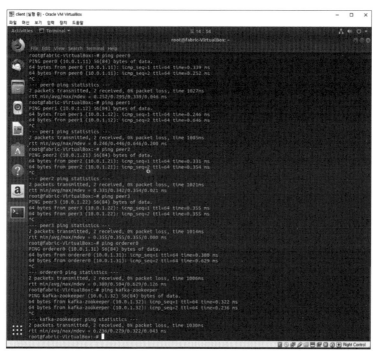

● Ping 테스트 완료

마지막으로, 클라이언트 노드에서 위 그림과 같이 Hostname을 이용해 핑(Ping) 테스트를 수행합니다. 정상적으로 통신하면 하이퍼레저 패브릭 운영을 위한 네트워크 구축이 완료된 것입니다.

3.2.2 MSP 생성

다음으로, 하이퍼레저 패브릭 네트워크 예제 구성도에 따라 MSP를 생성하겠습니다. 본 예제에서는 클라이언트를 네트워크의 운영자로 가정하고 클라이언트 노드에서 모든 MSP를 생성한 후 각각의 네트워크 노드로 전파하는 방식을 사용하겠습니다.

먼저, 하이퍼레저 패브릭 네트워크 운영 관련 작업 내용을 저장할 testnet 디렉터리를 생성합니다. 그리고 네트워크 예제 구성도에 따라 MSP를 정의하는 crypto-config.yaml 파일을 testnet 디렉터리에 다음과 같이 생성합니다.

● MSP 설정 파일 생성(client 노드에서 실행)

```
root@CLIENT:~/testnet# gedit crypto-config.yaml
```

crypto-config.yaml 파일에 아래 내용을 입력합니다.

● /root/testnet/crypto-config.yaml

```
1   OrdererOrgs:
2     - Name: OrdererOrg0
3       Domain: ordererorg0
4       Specs:
5         - Hostname: orderer0
6
7   PeerOrgs:
8     - Name: Org0
9       Domain: org0
10      Template:
11        Count: 2
12      Users:
13        Count: 1
14
15    - Name: Org1
16      Domain: org1
17      Template:
18        Count: 2
19        Start: 2
20      Users:
21        Count: 1
```

crypto-config.yaml 코드를 살펴보겠습니다.

1~5번째 줄은 다음과 같은 동작을 수행합니다.

- ordererorg0 이름의 조직 생성
- orderer0 이름의 orderer 노드 생성

7~13번째 줄은 다음과 같은 동작을 수행합니다.

- org0 이름의 조직 생성

- peer0, peer1 생성

- User1 클라이언트 생성

10~11번째 줄의 Template은 Count에 입력된 숫자만큼 peer를 생성하는 작업을 수행합니다. 0번부터 시작해서 Count 수만큼 2개를 생성하기 때문에 peer0과 peer1이 생성될 것입니다. 마찬가지로, 12~13번째 줄의 Users도 Count에 입력된 숫자만큼 User를 생성하지만, peer와는 다르게 번호가 1번부터 시작해서 User1이 생성됩니다.

15~21번째 줄은 다음과 같은 동작을 수행합니다.

- Org1 이름의 조직 생성

- peer2, peer3 생성

- User1 클라이언트 생성

17~19번째 줄의 Template도 앞서 설명한 것과 같은 동작을 하지만, Start라는 입력값에 의해 peer2번부터 시작하여 Count에 명시된 수만큼의 peer가 생성됩니다(peer2, peer3 생성).

다음으로, 아래 명령어를 통해 MSP를 생성하겠습니다. 명령어 실행 후 'crypto-config' 디렉터리가 생성된 것을 확인합니다.

● MSP 생성 명령어(client 노드에서 실행)

```
root@CLIENT:~/testnet# cryptogen generate --config=./crypto-config.yaml
```

```
root@CLIENT:~/testnet# cryptogen generate --config=./crypto-config.yaml
org0
org1
root@CLIENT:~/testnet#
root@CLIENT:~/testnet#
root@CLIENT:~/testnet#
root@CLIENT:~/testnet# ls
crypto-config  crypto-config.yaml
root@CLIENT:~/testnet#
```

● org0, org1 MSP가 담긴 crypto-config 폴더 생성 확인

tree 명령어를 입력 후 이 책의 부록 C와 같은 디렉터리가 나타나면 MSP가 정상적으로 생성된 것입니다(개인키 값인 '_sk' 파일은 MSP를 생성할 때마다 다른 값으로 생성됩니다).

부록 C의 'tree crypto-config' 실행 결괏값을 보면 각 조직의 MSP가 포함된 ordererorg0, org0, org1 디렉터리가 생성된 것을 확인할 수 있습니다. 그리고 각 조직의 노드 MSP가 포함된 orderer0.ordererorg0, peer0.org0, peer1.org0, peer2.org1, peer3.org1 디렉터리가 생성된 것도 확인할 수 있습니다. 각각의 디렉터리 안에 MSP 구성을 위한 각종 디지털 인증서들이 포함되어 있습니다.

> **NOTE**
>
> 2.1.10설의 MSP 구조와 부록 C의 tree 결괏값을 비교해 보면 crypto-config 디렉터리 구조를 이해하는 데 도움될 것입니다.

● tree 명령어로 디렉터리 구조 확인(client 노드에서 실행)

```
root@CLIENT:~/testnet# tree crypto-config
#부록 C의 트리 결괏값과 비교하여 개인키(_sk) 파일을 제외하고 동일하게 생성됐는지 확인
```

MSP는 하이퍼레저 패브릭에서 매우 중요한 개념이기 때문에 tree 결괏값을 좀 더 자세히 살펴보고 넘어가겠습니다. 부록 C를 보면 2번째 줄에 orderer 조직 정보를 담은 ordererOrganizations 디렉터리와 51번째 줄에 peer 조직 정보를 담은 peerOrganizations 디렉터리가 생성된 것을 확인할 수 있습니다. 그리고 본 예제의 네트워크 구성도와 같이 3번째 줄에 ordererorg0, 52번째 줄에 org0, 132번째 줄에 org1 조직이 생성된 것을 확인할 수 있습니다. 먼저, tree 결괏값 중 ordererOrganizations 디렉터리부터 살펴보겠습니다.

> **NOTE**
>
> 정확한 디렉터리 구조를 확인하기 위해 책과 함께 클라이언트 터미널의 tree 결괏값을 함께 볼 것을 권장합니다.

● tree 결괏값(ordererOrganizations)

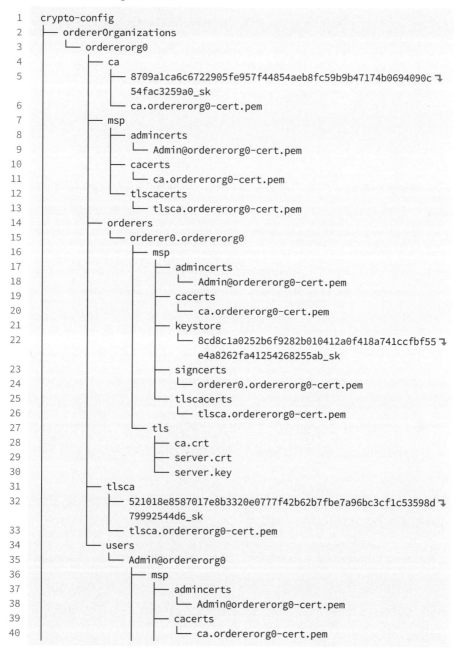

```
 1  crypto-config
 2  └── ordererOrganizations
 3      └── ordererorg0
 4          ├── ca
 5          │   ├── 8709a1ca6c6722905fe957f44854aeb8fc59b9b47174b0694090c ↴
 6          │   │   54fac3259a0_sk
 6          │   └── ca.ordererorg0-cert.pem
 7          ├── msp
 8          │   ├── admincerts
 9          │   │   └── Admin@ordererorg0-cert.pem
10          │   ├── cacerts
11          │   │   └── ca.ordererorg0-cert.pem
12          │   └── tlscacerts
13          │       └── tlsca.ordererorg0-cert.pem
14          ├── orderers
15          │   └── orderer0.ordererorg0
16          │       ├── msp
17          │       │   ├── admincerts
18          │       │   │   └── Admin@ordererorg0-cert.pem
19          │       │   ├── cacerts
20          │       │   │   └── ca.ordererorg0-cert.pem
21          │       │   ├── keystore
22          │       │   │   └── 8cd8c1a0252b6f9282b010412a0f418a741ccfbf55 ↴
                              e4a8262fa41254268255ab_sk
23          │       │   ├── signcerts
24          │       │   │   └── orderer0.ordererorg0-cert.pem
25          │       │   └── tlscacerts
26          │       │       └── tlsca.ordererorg0-cert.pem
27          │       └── tls
28          │           ├── ca.crt
29          │           ├── server.crt
30          │           └── server.key
31          ├── tlsca
32          │   ├── 521018e8587017e8b3320e0777f42b62b7fbe7a96bc3cf1c53598d ↴
                      79992544d6_sk
33          │   └── tlsca.ordererorg0-cert.pem
34          └── users
35              └── Admin@ordererorg0
36                  ├── msp
37                  │   ├── admincerts
38                  │   │   └── Admin@ordererorg0-cert.pem
39                  │   ├── cacerts
40                  │   │   └── ca.ordererorg0-cert.pem
```

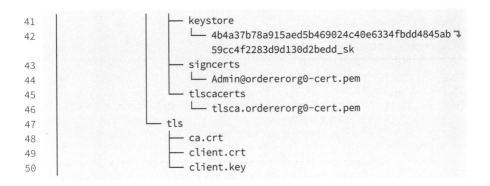

```
41    │                     ├── keystore
42    │                     │   └── 4b4a37b78a915aed5b469024c40e6334fbdd4845ab ⤸
                                    59cc4f2283d9d130d2bedd_sk
43    │                     ├── signcerts
44    │                     │   └── Admin@ordererorg0-cert.pem
45    │                     └── tlscacerts
46    │                         └── tlsca.ordererorg0-cert.pem
47    │             └── tls
48    │                 ├── ca.crt
49    │                 ├── client.crt
50    │                 └── client.key
```

ordererOrganizations 디렉터리 구조를 살펴보면 3번째 줄, ordererorg0 디렉터리에 해당 조직의 CA의 인증시가 저장된 ca 디렉터리, 조직의 MSP 정보가 지장된 msp 디렉터리가 생성된 것을 확인할 수 있습니다.

7번째 줄의 msp 디렉터리에는 ordererorg0 조직의 운영자 인증서(admincerts), CA 인증서(cacerts), TLS 통신을 하기 위한 TLS root CA 인증서(tlscacerts)가 생성되어 있습니다.

14번째 줄에 생성된 orderers 디렉터리에는 ordererorg0 조직에 속한 노드의 MSP 인증서와 TLS 인증서가 저장되어 있습니다. 본 예제의 네트워크 구성도에는 ordererorg0 조직에 orderer0 노드 한 대가 있기 때문에 15번째 줄에 orderer0 노드 MSP 정보를 담고 있는 orderer0.ordererorg0 디렉터리 한 개가 생성되었습니다. orderer0.ordererorg0 디렉터리에도 마찬가지로 orderer0 노드의 운영자 인증서(admincerts), 인증서를 발급한 CA의 인증서(cacerts), 노드의 개인키(keystore), 공개키(signcerts), TLS 통신을 하기 위한 TLS root CA 인증서(tlscacerts)가 있습니다. 마지막으로, 47번째 줄에 노드 간의 TLS 통신을 위한 tls 디렉터리가 있으며, 디렉터리 안에 TLS 통신에 필요한 CA 인증서, 공개키, 개인키가 저장되어 있습니다.

다음으로, peerOrganizations 디렉터리 구조를 살펴보겠습니다. peerOrganizations의 하위 디렉터리를 확인해 보면 본 예제의 네트워크 구성도와 같이 org0, org1 조직의 MSP 정보가 저장된 디렉터리가 생성된 것을 확인할 수 있습니다. 먼저, org0 디렉터리를 살펴보겠습니다.

● tree 결괏값(peerOrganizations)

```
...
51   └── peerOrganizations
52       ├── org0
53       │   ├── ca
54       │   │   ├── ca.org0-cert.pem
55       │   │   └── ff95d78a887f43a3b299ba6d733156ce6464ecfc63986e994a40 ⤵
             c05b5043a0b7_sk
56       │   ├── msp
57       │   │   ├── admincerts
58       │   │   │   └── Admin@org0-cert.pem
59       │   │   ├── cacerts
60       │   │   │   └── ca.org0-cert.pem
61       │   │   └── tlscacerts
62       │   │       └── tlsca.org0-cert.pem
63       │   ├── peers
64       │   │   ├── peer0.org0
65       │   │   │   ├── msp
66       │   │   │   │   ├── admincerts
67       │   │   │   │   │   └── Admin@org0-cert.pem
68       │   │   │   │   ├── cacerts
69       │   │   │   │   │   └── ca.org0-cert.pem
70       │   │   │   │   ├── keystore
71       │   │   │   │   │   └── f51cc9d883a0c6b527113d5b6adaeb7f6785ccfd7e ⤵
                 2a26f2441dcb6bb16dcb3a_sk
72       │   │   │   │   ├── signcerts
73       │   │   │   │   │   └── peer0.org0-cert.pem
74       │   │   │   │   └── tlscacerts
75       │   │   │   │       └── tlsca.org0-cert.pem
76       │   │   │   └── tls
77       │   │   │       ├── ca.crt
78       │   │   │       ├── server.crt
79       │   │   │       └── server.key
80       │   │   └── peer1.org0
81       │   │       ├── msp
82       │   │       │   ├── admincerts
83       │   │       │   │   └── Admin@org0-cert.pem
84       │   │       │   ├── cacerts
85       │   │       │   │   └── ca.org0-cert.pem
86       │   │       │   ├── keystore
87       │   │       │   │   └── 0eb7ca26fc9b289694f350656f24d66dace9234a ⤵
                 077598a7493eca1d453a1c8c_sk
88       │   │       │   ├── signcerts
89       │   │       │   │   └── peer1.org0-cert.pem
```

```
90                             └── tlscacerts
91                                 └── tlsca.org0-cert.pem
92                         └── tls
93                             ├── ca.crt
94                             ├── server.crt
95                             └── server.key
96             ├── tlsca
97             │   ├── 88c0b970051997a135f19b5ba75fcc4edcb45eb89d12b890f9bf ↴
                   │       15e0338f55a5_sk
98             │   └── tlsca.org0-cert.pem
99             └── users
100                ├── Admin@org0
101                │   ├── msp
102                │   │   ├── admincerts
103                │   │   │   └── Admin@org0-cert.pem
104                │   │   ├── cacerts
105                │   │   │   └── ca.org0-cert.pem
106                │   │   ├── keystore
107                │   │   │   └── 049d967dec1093f8da0356fed6e104bb4765bf0566 ↴
                       │   │       6ad829ec8fc6593042639a_sk
108                │   │   ├── signcerts
109                │   │   │   └── Admin@org0-cert.pem
110                │   │   └── tlscacerts
111                │   │       └── tlsca.org0-cert.pem
112                │   └── tls
113                │       ├── ca.crt
114                │       ├── client.crt
115                │       └── client.key
116                └── User1@org0
117                    ├── msp
118                    │   ├── admincerts
119                    │   │   └── User1@org0-cert.pem
120                    │   ├── cacerts
121                    │   │   └── ca.org0-cert.pem
122                    │   ├── keystore
123                    │   │   └── c62de2f0a70fd471d644a7c720f40720265575994 ↴
                           │   │       b1d0640fa5339aa0c44ff2a_sk
124                    │   ├── signcerts
125                    │   │   └── User1@org0-cert.pem
126                    │   └── tlscacerts
127                    │       └── tlsca.org0-cert.pem
128                    └── tls
129                        ├── ca.crt
130                        ├── client.crt
131                        └── client.key
```

52번째 줄, org0 디렉터리에 해당 조직의 CA의 인증서가 저장된 ca 디렉터리, 조직의 MSP 정보가 저장된 msp 디렉터리가 생성된 것을 확인할 수 있습니다.

마찬가지로, 56번째 줄의 msp 디렉터리 안에는 org0 조직의 운영자 인증서(admincerts), CA 인증서(cacerts), TLS 통신을 하기 위한 TLS root CA 인증서(tlscacerts)가 생성되어 있습니다.

63번째 줄에 생성된 peers 디렉터리에는 org0 조직에 속한 노드의 MSP 인증서와 TLS 인증서가 저장되어 있습니다. 본 예제의 네트워크 구성도에는 org0 조직에 2대의 노드 (peer0, peer1)가 있기 때문에 64번째 줄에 peer0 노드 MSP 정보를 담고 있는 peer0.org0 디렉터리와 80번째 줄에 peer1 노드 MSP 정보를 담고 있는 peer1.org0 디렉터리가 생성되었습니다. peer0.org0 디렉터리에는 peer0 노드의 운영자 인증서(admincerts), 인증서를 발급한 CA의 인증서(cacerts), 노드의 개인키(keystore), 공개키(signcerts), TLS 통신을 하기 위한 TLS root CA 인증서(tlscacerts)가 있고, peer1.org0 디렉터리에도 peer0.org0 디렉터리와 동일한 구성의 MSP 인증서가 생성되어 있습니다. 마지막으로, 76번째 줄과 92번재 줄에는 노드 간의 TLS 통신을 위한 tls 디렉터리가 있으며, 디렉터리 안에 TLS 통신에 필요한 CA 인증서, 공개키, 개인키가 저장되어 있습니다.

132번째 줄의 org1 디렉터리에도 org0 디렉터리와 동일한 구성의 MSP가 생성되어 있으니 확인해 보기 바랍니다.

3.2.3 Genesis block 생성

다음으로, 하이퍼레저 패브릭 컨소시엄과 채널 정보가 담긴 genesis.block(configuration block)을 생성하겠습니다. genesis.block 생성을 위해 다음과 같이 configtx.yaml 파일을 생성한 후 터미널에 genesis.block 생성 명령어를 입력합니다.

- configtx.yaml 파일 생성(client 노드에서 실행)

```
root@CLIENT:~/testnet# gedit configtx.yaml
```

- /root/testnet/configtx.yaml

```
1    Organizations:
2       - &OrdererOrg0
3          Name: OrdererOrg0
4          ID: OrdererOrg0MSP
5          MSPDir: crypto-config/ordererOrganizations/ordererorg0/msp/
6
7       - &Org0
8          Name: Org0MSP
9          ID: Org0MSP
10         MSPDir: crypto-config/peerOrganizations/org0/msp/
11         AnchorPeers:
12            - Host: peer0
13              Port: 7051
14       - &Org1
15          Name: Org1MSP
16          ID: Org1MSP
17          MSPDir: crypto-config/peerOrganizations/org1/msp/
18          AnchorPeers:
19            - Host: peer2
20              Port: 7051
21
22   Orderer: &OrdererDefaults
23       OrdererType: kafka
24       Addresses:
25          - orderer0:7050
26       BatchTimeout: 1s
27       BatchSize:
28          MaxMessageCount: 30
29          AbsoluteMaxBytes: 99 MB
30          PreferredMaxBytes: 512 KB
31       Kafka:
32          Brokers:
33             - kafka-zookeeper:9092
34       Organizations:
35
36   Application: &ApplicationDefaults
37       Organizations:
38
39   Profiles:
```

```
40
41       TwoOrgsOrdererGenesis:
42          Orderer:
43             <<: *OrdererDefaults
44             Organizations:
45                - *OrdererOrg0
46          Consortiums:
47             SampleConsortium:
48                Organizations:
49                   - *Org0
50                   - *Org1
51
52       TwoOrgsChannel:
53          Consortium: SampleConsortium
54          Application:
55             <<: *ApplicationDefaults
56             Organizations:
57                - *Org0
58                - *Org1
```

configtx.yaml 파일의 코드를 살펴보고 넘어가겠습니다.

configtx.yaml 파일은 1번째 줄의 **Organizations**, 22번째 줄의 **orderer**, 39번째 줄의 **Profiles**로 나누어집니다. Profiles는 컨소시엄의 구성원과 orderer 조직을 정의하는 **TwoOrgsordererGenssis**가 있고, 채널 생성을 정의하는 **TwoOrgsChannel**가 있습니다.

1번째 줄의 Organizations과 22번째 줄의 orderer는 Profiles에서 참조하는 Organization(조직)의 설정과 orderer의 설정이 정의되어 있습니다. Organizations에는 각 조직의 이름(Name)과 MSP ID, MSP 참조 경로(MSPDir) 등이 설정되어 있고, orderer에는 orderer가 사용하는 트랙잭션 정렬 후 블록 생성 방법(kafka), orderer의 주소, 블록당 트랜잭션 수집 허용 시간, 블록의 트랜잭션 허용 크기 등이 설정되어 있습니다.

Profiles 아래에 있는 *ordererDefaults, *ordererOrg0, *Org0, *Org1 값들이 위의 Organizations과 orderer의 &ordererDefaults, &ordererOrg0, &Org0, &Org1에 정의된 설정을 참조하는 것입니다.

다음으로, configtx.yaml 파일의 **TwoOrgsordererGenesis**를 참조하여 genesis.block을
생성하겠습니다.

- **Configtx.yaml 파일의 TwoOrgsordererGenesis를 참조하여 genesis.block 생성(client 노드에서 실행)**

```
root@CLIENT:~/testnet# configtxgen -profile TwoOrgsOrdererGenesis ↵
-outputBlock genesis.block
```

- **genesis.block 파일 생성 확인**

나중에 orderer 구동을 위해 생성한 genesis.block 파일을 다음의 MSP 경로로 이동시
켜 줍니다.

- **genesis.block 파일 이동(client 노드에서 실행)**

```
root@CLIENT:~/testnet#  mv genesis.block /root/testnet/crypto-config/ ↵
ordererOrganizations/ordererorg0/orderers/orderer0.ordererorg0/
```

3.2.4 채널 설정

다음으로, configtx.yaml 파일의 **TwoOrgsChannel**을 참조하여 채널 구축을 위한 트랜
잭션을 생성합니다.

- configtx.yaml 파일의 TwoOrgsChannel을 참조하여 채널 구축을 위한 ch1.tx 트랜잭션 생성(client 노드에서 실행)

```
root@CLIENT:~/testnet# configtxgen -profile TwoOrgsChannel ↳
-outputCreateChannelTx ch1.tx -channelID ch1
```

- 채널 설정 트랜잭션 생성

ls 명령어를 통해 ch1.tx가 생성된 것을 확인했다면 다음으로 각 조직의 Anchor peer를 설정하는 트랜잭션을 생성하겠습니다. Anchor peer는 앞 절에서 설명했듯이 다른 조직 간의 통신에 사용되는 peer입니다.

- Configtx.yaml 파일의 TwoOrgsChannel을 참조하여 각 조직의 Anchor peer 설정 트랜잭션 생성 (client 노드에서 실행)

```
root@CLIENT:~/testnet# configtxgen -profile TwoOrgsChannel ↳
-outputAnchorPeersUpdate Org0MSPanchors.tx -channelID ch1 -asOrg Org0MSP

root@CLIENT:~/testnet# configtxgen -profile TwoOrgsChannel ↳
-outputAnchorPeersUpdate Org1MSPanchors.tx -channelID ch1 -asOrg Org1MSP
```

- Anchor peer 설정 트랜잭션 생성

3.2.5 MSP 디렉터리 배포

다음으로, 클라이언트에서 생성한 MSP를 peer와 orderer 노드로 배포하겠습니다.

- peer와 orderer 노드의 홈 디렉터리로 MSP 전송(client 노드에서 실행)

```
root@CLIENT:~/testnet# scp -rq /root/testnet login_id@peer0:/home/fabric/
root@CLIENT:~/testnet# scp -rq /root/testnet login_id@peer1:/home/fabric/
root@CLIENT:~/testnet# scp -rq /root/testnet login_id@peer2:/home/fabric/
root@CLIENT:~/testnet# scp -rq /root/testnet login_id@peer3:/home/fabric/
root@CLIENT:~/testnet# scp -rq /root/testnet login_id@orderer0:/home/fabric/
```

*인증서 관련 질문이 나오면 yes를 입력하고 엔터키를 누릅니다.

마지막으로, peer와 orderer 노드에서 전송받은 MSP가 저장된 작업 디렉터리를 Root 홈으로 이동시켜 줍니다.

- 전송받은 작업 디렉터리를 Root 홈으로 이동(각각의 peer, orderer 노드에서 실행)

```
root@PEER0:~# mv /home/fabric/testnet/ /root/
root@PEER1:~# mv /home/fabric/testnet/ /root/
root@PEER2:~# mv /home/fabric/testnet/ /root/
root@PEER3:~# mv /home/fabric/testnet/ /root/
root@ORDERER0:~# mv /home/fabric/testnet/ /root/
```

> **NOTE**
>
> 앞서 tree 명령어 실행 결과를 자세히 보면 각 peer와 orderer, 그리고 user가 정의된 MSP 디렉터리가 생성되어 있습니다. peer, orderer, user별 각각의 네트워크의 노드가 정의된 MSP 디렉터리만 전송해도 관계없지만, 설정의 편의를 위해 testnet 작업 디렉터리를 통째로 전송하였습니다.

3.2.6 Peer 구동

다음으로, 각 조직의 peer들을 구동하겠습니다.

● 작업 디렉터리로 이동 후 runpeer0 스크립트 생성(peer0 노드에서 실행)

```
root@PEER0:~# cd /root/testnet
root@PEER0:~/testnet# gedit runPeer0.sh
```

그리고 다음 스크립트를 입력합니다.

● /root/testnet/runpeer0.sh

```
CORE_PEER_ENDORSER_ENABLED=true \
CORE_PEER_ADDRESS=peer0:7051 \
CORE_PEER_CHAINCODELISTENADDRESS=peer0:7052 \
CORE_PEER_ID=org0-peer0 \
CORE_PEER_LOCALMSPID=Org0MSP \
CORE_PEER_GOSSIP_EXTERNALENDPOINT=peer0:7051 \
CORE_PEER_GOSSIP_USELEADERELECTION=true \
CORE_PEER_GOSSIP_ORGLEADER=false \
CORE_PEER_TLS_ENABLED=false \
CORE_PEER_TLS_KEY_FILE=/root/testnet/crypto-config/peerOrganizations/org0/↲
peers/peer0.org0/tls/server.key \
CORE_PEER_TLS_CERT_FILE=/root/testnet/crypto-config/peerOrganizations/org0/↲
peers/peer0.org0/tls/server.crt \
CORE_PEER_TLS_ROOTCERT_FILE=/root/testnet/crypto-config/peerOrganizations/↲
org0/peers/peer0.org0/tls/ca.crt \
CORE_PEER_TLS_SERVERHOSTOVERRIDE=peer0 \
CORE_PEER_MSPCONFIGPATH=/root/testnet/crypto-config/peerOrganizations/org0/↲
peers/peer0.org0/msp \
peer node start
```

runpeer0.sh는 peer0의 환경변수를 설정한 후 구동하는 스크립트입니다. 스크립트의 환경변수들을 간단하게 설명하고 넘어가겠습니다.

· CORE_PEER_ENDORSER_ENABLED: peer의 Endorsing peer 역할 여부를 결정합니다.

· CORE_PEER_ADDRESS: peer의 주솟값입니다.

- CORE_PEER_CHAINCODELISTENADDRESS: 체인코드 관련 정보를 받기 위한 주솟값입니다.

- CORE_PEER_ID: peer를 식별하는 ID입니다.

- CORE_PEER_LOCALMSPID: peer의 Local MSP ID입니다.

- CORE_PEER_GOSSIP_EXTERNALENDPOINT: 외부 조직과 통신을 위해 광고하는 주솟값입니다.

- CORE_PEER_GOSSIP_USELEADERELECTION: Gossip 프로토콜의 리더 선출 방법을 수동 혹은 자동으로 설정하는 값입니다.

- CORE_PEER_GOSSIP_ORGLEADER: Gossip 프로토콜의 리더 선출 방법을 수동으로 했을 시 해당 peer를 리더로 설정할지 여부를 정하는 값입니다. 'CORE_PEER_GOSSIP_USELEADERELECTION' 값을 ture로 설정했다면 해당 값은 false로 설정합니다.

- CORE_PEER_TLS_ENABLED: TLS 통신 활성화 여부를 설정합니다.

- CORE_PEER_TLS_KEY_FILE: peer의 개인키가 저장된 경로입니다.

- CORE_PEER_TLS_CERT_FILE: peer의 디지털 인증서 파일이 저장된 경로입니다.

- CORE_PEER_TLS_ROOTCERT_FILE: CA의 디지털 인증서 파일이 저장된 경로입니다.

- CORE_PEER_TLS_SERVERHOSTOVERRIDE: TLS 인증서의 CN(Common Name)입니다. 인증서가 저장된 디렉터리에서 'openssl x509 –in 인증서이름 –text –noout' 명령어를 이용해서 CN을 확인할 수 있습니다.

- CORE_PEER_MSPCONFIGPATH: peer의 MSP가 저장되어 있는 경로입니다.

● runpeer0.sh 권한 변경 후 실행(peer0 노드에서 실행)

```
root@PEER0:~/testnet# chmod 777 runPeer0.sh
root@PEER0:~/testnet# ./runPeer0.sh
```

오류 없이 정상적으로 실행된다면 peer1~3도 다음의 스크립트를 이용해서 같은 작업
을 수행합니다.

- **/root/testnet/runpeer1.sh(peer1 노드에 입력 후 peer0과 같은 작업 실행)**

```
CORE_PEER_ENDORSER_ENABLED=true \
CORE_PEER_ADDRESS=peer1:7051 \
CORE_PEER_CHAINCODELISTENADDRESS=peer1:7052 \
CORE_PEER_ID=org0-peer1 \
CORE_PEER_LOCALMSPID=Org0MSP \
CORE_PEER_GOSSIP_EXTERNALENDPOINT=peer1:7051 \
CORE_PEER_GOSSIP_USELEADERELECTION=true \
CORE_PEER_GOSSIP_ORGLEADER=false \
CORE_PEER_TLS_ENABLED=false \
CORE_PEER_TLS_KEY_FILE=/root/testnet/crypto-config/peerOrganizations/org0/↵
peers/peer1.org0/tls/server.key \
CORE_PEER_TLS_CERT_FILE=/root/testnet/crypto-config/peerOrganizations/org0/↵
peers/peer1.org0/tls/server.crt \
CORE_PEER_TLS_ROOTCERT_FILE=/root/testnet/crypto-config/peerOrganizations/↵
org0/peers/peer1.org0/tls/ca.crt \
CORE_PEER_TLS_SERVERHOSTOVERRIDE=peer1 \
CORE_PEER_MSPCONFIGPATH=/root/testnet/crypto-config/peerOrganizations/org0/↵
peers/peer1.org0/msp \
peer node start
```

- **/root/testnet/runpeer2.sh(peer2 노드에 입력 후 peer0과 같은 작업 실행)**

```
CORE_PEER_ENDORSER_ENABLED=true \
CORE_PEER_ADDRESS=peer2:7051 \
CORE_PEER_CHAINCODELISTENADDRESS=peer2:7052 \
CORE_PEER_ID=org1-peer2 \
CORE_PEER_LOCALMSPID=Org1MSP \
CORE_PEER_GOSSIP_EXTERNALENDPOINT=peer2:7051 \
CORE_PEER_GOSSIP_USELEADERELECTION=true \
CORE_PEER_GOSSIP_ORGLEADER=false \
CORE_PEER_TLS_ENABLED=false \
CORE_PEER_TLS_KEY_FILE=/root/testnet/crypto-config/peerOrganizations/org1/↵
peers/peer2.org1/tls/server.key \
CORE_PEER_TLS_CERT_FILE=/root/testnet/crypto-config/peerOrganizations/org1/↵
peers/peer2.org1/tls/server.crt \
CORE_PEER_TLS_ROOTCERT_FILE=/root/testnet/crypto-config/peerOrganizations/↵
org1/peers/peer2.org1/tls/ca.crt \
CORE_PEER_TLS_SERVERHOSTOVERRIDE=peer2 \
```

```
CORE_PEER_MSPCONFIGPATH=/root/testnet/crypto-config/peerOrganizations/org1/ ⤵
peers/peer2.org1/msp \
peer node start
```

- /root/testnet/runpeer3.sh(peer3 노드에 입력 후 peer0과 같은 작업 실행)

```
CORE_PEER_ENDORSER_ENABLED=true \
CORE_PEER_ADDRESS=peer3:7051 \
CORE_PEER_CHAINCODELISTENADDRESS=peer3:7052 \
CORE_PEER_ID=org1-peer3 \
CORE_PEER_LOCALMSPID=Org1MSP \
CORE_PEER_GOSSIP_EXTERNALENDPOINT=peer3:7051 \
CORE_PEER_GOSSIP_USELEADERELECTION=true \
CORE_PEER_GOSSIP_ORGLEADER=false \
CORE_PEER_TLS_ENABLED=false \
CORE_PEER_TLS_KEY_FILE=/root/testnet/crypto-config/peerOrganizations/org1/ ⤵
peers/peer3.org1/tls/server.key \
CORE_PEER_TLS_CERT_FILE=/root/testnet/crypto-config/peerOrganizations/org1/ ⤵
peers/peer3.org1/tls/server.crt \
CORE_PEER_TLS_ROOTCERT_FILE=/root/testnet/crypto-config/peerOrganizations/ ⤵
org1/peers/peer3.org1/tls/ca.crt \
CORE_PEER_TLS_SERVERHOSTOVERRIDE=peer3 \
CORE_PEER_MSPCONFIGPATH=/root/testnet/crypto-config/peerOrganizations/org1/ ⤵
peers/peer3.org1/msp \
peer node start
```

3.2.7 Kafka-Zookeeper 구동

다음으로, Kafka-Zookeeper 노드를 구동하겠습니다. Kafka-Zookeeper 노드는 구동의
편의를 위해 도커를 사용해서 실행하겠습니다.

- Kafka-Zookeeper 노드 구동에 사용할 도커 파일 생성(Kafka-Zookeeper 노드에서 실행)

```
root@KAFKA-ZOOKEEPER:~# cd testnet
root@KAFKA-ZOOKEEPER:~/testnet# gedit docker-compose.yaml
```

- /root/testnet/docker-compose.yaml

```
1    version: '2'
2    services:
3        zookeeper:
4            image: hyperledger/fabric-zookeeper
5    #        restart: always
6            ports:
7                - "2181:2181"
8        kafka0:
9            image: hyperledger/fabric-kafka
10   #        restart: always
11           environment:
12               - KAFKA_ADVERTISED_HOST_NAME=10.0.1.32
13               - KAFKA_ADVERTISED_PORT=9092
14               - KAFKA_BROKER_ID=0
15               - KAFKA_MESSAGE_MAX_BYTES=103809024 # 99 * 1024 * 1024 B
16               - KAFKA_REPLICA_FETCH_MAX_BYTES=103809024 # 99 * 1024 * 1024 B
17               - KAFKA_UNCLEAN_LEADER_ELECTION_ENABLE=false
18               - KAFKA_NUM_REPLICA_FETCHERS=1
19               - KAFKA_DEFAULT_REPLICATION_FACTOR=1
20               - KAFKA_ZOOKEEPER_CONNECT=zookeeper:2181
21           ports:
22               - "9092:9092"
23           depends_on:
24               - zookeeper
25
```

docker-compose.yaml 코드를 간단하게 설명한 후 넘어가겠습니다. 3번째 줄과 8번째 줄에 각각 zookeeper와 kafka0 이름의 가상의 네트워크 노드 2대가 정의되어 있습니다. 3~7번째 줄은 미리 만들어진 Zookeeper의 도커 이미지를 불러온 후 2181포트를 할당합니다. 8~22번째 줄도 마찬가지로 미리 만들어진 카프카의 도커 이미지를 불러온 후 카프카에서 기본으로 사용하는 9092번 포트를 할당합니다. 다만, zookeeper 노드와는 다르게 kafka0 노드는 부팅 시 11~20번째 줄의 환경설정값을 참조한 후 구동되게 됩니다. 각 환경설정의 의미는 다음과 같습니다.

- KAFKA_ADVERTISED_HOST_NAME: 카프카의 IP 주소입니다.
- KAFKA_ADVERTISED_PORT: 카프카의 PORT 주소입니다.

- KAFKA_BROKER_ID: 카프카 Broker의 식별 ID입니다.

- KAFKA_MESSAGE_MAX_BYTES: 앞서 configtx.yaml 파일의 51번째 줄, ABSOLUTEMAXBYTE 값을 99MB로 설정하였습니다(최대 100MB까지 가능). 그리하여 99*1024*1024 = 103809024로 설정하였습니다.

- KAFKA_REPLICA_FETCH_MAX_BYTES: 위와 같은 이유로 복사될 메시지의 크기도 103809024로 설정하였습니다.

- KAFKA_UNCLEAN_LEADER_ELECTION_ENABLE: 블록체인 데이터의 일관성(consistency)을 위해 false로 설정해 줍니다.

- KAFKA_NUM_REPLICA_FETCHERS: Source broker로부터 블록을 복사하는 스레드(threads)의 수를 정의합니다. Replication Factor가 클 때 해당 값을 크게 설정한다면 성능이 향상될 수 있습니다.

- KAFKA_DEFAULT_REPLICATION_FACTOR: 장애 대비를 위해 블록을 몇 대의 카프카 노드로 복사할 것인지 설정하는 값입니다. 예제의 경우 카프카 노드가 한 대라서 1로 설정하였습니다.

- KAFKA_ZOOKEEPER_CONNECT: 카프카와 연결된 Zookeeper의 IP 주소와 PORT 번호입니다.

마지막으로, 23~24번째 줄의 depends_on은 앞의 Zookeeper 이미지가 정상적으로 실행된 후 kafka0 이미지를 실행한다는 의미입니다.

docker-compose.yaml 파일을 생성한 후 다음의 명령어를 통해 Kafka-Zookeeper 노드를 구동합니다.

● Kafka-Zookeeper 구동(Kafka-Zookeeper 노드에서 실행)

```
root@KAFKA-ZOOKEEPER:~/testnet# docker-compose up
```

NOTE

처음 실행 시 외부에서 도커 이미지를 다운로드하기 때문에 인터넷에 연결되어 있어야 합니다.

3.2.8 Orderer 구동

이번 절에서는 orderer를 구동하겠습니다.

● 작업 디렉터리로 이동 후 runorderer0 스크립트 생성(orderer0 노드에서 실행)

```
root@ORDERER0:~# cd /root/testnet
root@ORDERER0:~/testnet# gedit runOrderer0.sh
```

● /root/testnet/runorderer0.sh

```
ORDERER_GENERAL_LOGLEVEL=info \
ORDERER_GENERAL_LISTENADDRESS=orderer0 \
ORDERER_GENERAL_GENESISMETHOD=file \
ORDERER_GENERAL_GENESISFILE=/root/testnet/crypto-config/ordererOrganizations/ ⤸
ordererorg0/orderers/orderer0.ordererorg0/genesis.block \
ORDERER_GENERAL_LOCALMSPID=OrdererOrg0MSP \
ORDERER_GENERAL_LOCALMSPDIR=/root/testnet/crypto-config/ordererOrganizations/ ⤸
ordererorg0/orderers/orderer0.ordererorg0/msp \
ORDERER_GENERAL_TLS_ENABLED=false \
ORDERER_GENERAL_TLS_PRIVATEKEY=/root/testnet/crypto-config/ ⤸
ordererOrganizations/ordererorg0/orderers/orderer0.ordererorg0/tls/server.key \
ORDERER_GENERAL_TLS_CERTIFICATE=/root/testnet/crypto-config/ ⤸
ordererOrganizations/ordererorg0/orderers/orderer0.ordererorg0/tls/server.crt \
ORDERER_GENERAL_TLS_ROOTCAS=[/root/testnet/crypto-config/ordererOrganizations/ ⤸
ordererorg0/orderers/orderer0.ordererorg0/tls/ca.crt,/root/testnet/crypto- ⤸
config/peerOrganizations/org0/peers/peer0.org0/tls/ca.crt,/root/testnet/ ⤸
crypto-config/peerOrganizations/org1/peers/peer2.org1/tls/ca.crt] \
CONFIGTX_ORDERER_BATCHTIMEOUT=1s \
CONFIGTX_ORDERER_ORDERERTYPE=kafka \
CONFIGTX_ORDERER_KAFKA_BROKERS=[kafka-zookeeper:9092] \
orderer
```

runorderer0.sh는 orderer0의 환경변수를 설정한 후 orderer0를 구동하는 스크립트입니다. 스크립트의 환경변수들을 간단하게 설명하고 넘어가겠습니다.

· ORDERER_GENERAL_LOGLEVEL: 로그 메시지 표시 수준을 설정합니다 (info/debug 선택 가능).

· ORDERER_GENERAL_LISTENADDRESS: orderer의 주솟값입니다.

- ORDERER_GENERAL_GENESISMETHOD: genesis block을 지정하는 방법을 나타내는 값으로서 file과 provisional 두 가지 중 하나를 선택할 수 있습니다. file을 선택하면 'ORDERER_GENERAL_GENESISFILE' 값을 이용하여 genesis block의 경로를 지정해 줍니다. provisional을 선택하면 'ORDERERE_GENERAL_GENESISPROFILE' 값을 이용하여 genesis block을 생성할 수 있습니다.

- ORDERER_GENERAL_GENESISFILE: genesis.block이 있는 경로값입니다.

- ORDERER_GENERAL_LOCALMSPID: orderer0의 Local MSP ID입니다.

- ORDERER_GENERAL_LOCALMSPDIR: orderer0의 Local MSP 경로입니다.

- ORDERER_GENERAL_TLS_ENABLED: TLS 통신 활성화 여부를 결정합니다.

- ORDERER_GENERAL_TLS_PRIVATEKEY: orderer의 개인키 파일이 저장된 경로입니다.

- ORDERER_GENERAL_TLS_CERTIFICATE: orderer의 디지털 인증서 파일이 저장된 경로입니다.

- ORDERER_GENERAL_TLS_ROOTCAS: CA의 디지털 인증서 파일이 저장된 경로입니다.

- CONFIGTX_ORDERER_BATCHTIMEOUT: 블록을 생성하기까지 트랜잭션을 수신하는 최대 시간입니다.

- CONFIGTX_ORDERER_ORDERERTYPE: 트랜잭션을 정렬하는 방식을 선택합니다.

- CONFIGTX_ORDERER_KAFKA_BROKERS: 카프카 Broker 노드의 주소입니다.

● **runorderer0.sh 권한 변경 후 실행(orderer0 노드에서 실행)**

```
root@ORDERER0:~/testnet# chmod 777 runOrderer0.sh
root@ORDERER0:~/testnet# ./runOrderer0.sh
```

오류 없이 정상적으로 작동한다면 다음 단계로 넘어가겠습니다.

3.2.9 채널 생성

드디어 하이퍼레저 패브릭 네트워크 구축을 완료했습니다! 이번 절에서는 앞서 생성한 ch1.tx 파일을 이용하여 네트워크에 채널을 생성해 보겠습니다.

다시 client 노드로 돌아가서 다음의 명령어를 수행합니다.

● 채널을 생성하는 스크립트 제작(client 노드에서 실행)

```
root@CLIENT:~/testnet# gedit /root/testnet/create-channel.sh
```

● /root/testnet/create-channel.sh

```
CORE_PEER_LOCALMSPID="Org0MSP" \
CORE_PEER_TLS_ROOTCERT_FILE=/root/testnet/crypto-config/peerOrganizations/↴
org0/peers/peer0.org0/tls/ca.crt \
CORE_PEER_MSPCONFIGPATH=/root/testnet/crypto-config/peerOrganizations/org0/↴
users/Admin@org0/msp \
CORE_PEER_ADDRESS=peer0:7051 \
peer channel create -o orderer0:7050 -c ch1 -f ch1.tx
```

create-channel.sh는 client가 org0 조직 운영자 MSP를 이용하여 채널을 생성하는 스크립트입니다. 스크립트에 명시된 환경변수와 peer channel 명령어를 간단하게 설명하고 넘어가겠습니다.

- CORE_PEER_LOCALMSPID: client가 속한 조직의 MSP ID입니다. 위의 스크립트는 Org0MSP를 사용하지만, 현재 client 노드는 모든 조직의 운영자 MSP를 가지고 있기 때문에 Org1MSP를 사용해도 정상적으로 작동합니다.

- CORE_PEER_TLS_ROOTCERT_FILE: client가 속한 조직이 사용하는 CA의 디지털 인증서입니다.

- CORE_PEER_MSPCONFIGPATH: client가 속한 조직의 운영자 MSP입니다.

- CORE_PEER_ADDRESS: client와 연결된 peer의 주솟값입니다.

- peer channel create -o orderer0:7050 -c ch1 -f ch1.tx: peer channel create는 채

널을 생성하는 명령어입니다. -o 옵션은 orderer의 주소를 가리키고, -c 옵션은 채널 이름을 의미하고, -f 옵션은 채널 생성에 사용할 채널 설정 트랜잭션을 가리킵니다. 앞서 configtx.yaml 파일의 TwoOrgsChannel을 참조하여 생성한 ch1. tx 파일을 이용해 orderer0에게 채널 생성을 요청합니다.

- create-channel.sh 권한 변경 후 실행(client 노드에서 실행)

```
root@ORDERER0:~/testnet# chmod 777 create-channel.sh
root@ORDERER0:~/testnet# ./create-channel.sh
```

> **NOTE**
>
> 책에서는 권한에 의한 실행 오류를 최대한 방지하기 위해 쓰기/읽기/실행에 대한 모든 권한을 가진 777로 설정하였지만, 실제 시스템에서 파일 권한을 부여할 때는 보안 정책에 맞추어 신중하게 파일 권한을 부여해야 합니다.

채널을 성공적으로 생성하면 다음과 같은 로그를 client와 orderer 노드에서 확인할 수 있습니다. 채널 생성 외 다른 작업을 수행할 때도 작업에 관련된 로그를 각 peer 노드와 orderer 노드에서 확인할 수 있습니다.

- 채널 생성 후 client의 로그(client 노드에서 실행)

```
root@CLIENT:~/testnet# ./create-channel.sh
2018-08-28 17:03:51.306 KST [channelCmd] InitCmdFactory -> INFO 001 Endorser ⤶
and orderer connections initialized
2018-08-28 17:03:51.438 KST [channelCmd] InitCmdFactory -> INFO 002 Endorser ⤶
and orderer connections initialized
2018-08-28 17:03:51.641 KST [channelCmd] InitCmdFactory -> INFO 003 Endorser ⤶
and orderer connections initialized
2018-08-28 17:03:51.843 KST [main] main -> INFO 004 Exiting.....
```

- 채널 생성 후 orderer0의 로그

```
2018-08-28 17:03:51.448 KST [orderer/consensus/kafka] newChain -> INFO 017 ⤶
[channel: ch1] Starting chain with last persisted offset -3 and last ⤶
recorded block 0
```

```
2018-08-28 17:03:51.448 KST [orderer/commmon/multichannel] newChain -> ↴
INFO 018 Created and starting new chain ch1
2018-08-28 17:03:51.449 KST [orderer/consensus/kafka] setupProducerForChannel ↴
-> INFO 019 [channel: ch1] Setting up the producer for this channel...
2018-08-28 17:03:51.451 KST [orderer/consensus/kafka] startThread -> ↴
INFO 01a [channel: ch1] Producer set up successfully
2018-08-28 17:03:51.451 KST [orderer/consensus/kafka] sendConnectMessage -> ↴
INFO 01b [channel: ch1] About to post the CONNECT message...
2018-08-28 17:03:51.640 KST [common/deliver] deliverBlocks -> WARN 01c ↴
[channel: ch1] Rejecting deliver request for 10.0.1.41:43324 because of ↴
consenter error
2018-08-28 17:03:51.719 KST [orderer/consensus/kafka] startThread -> ↴
INFO 01d [channel: ch1] CONNECT message posted successfully
2018-08-28 17:03:51.719 KST [orderer/consensus/kafka]
setupParentConsumerForChannel -> INFO 01e [channel: ch1] Setting up the ↴
parent consumer for this channel...
2018-08-28 17:03:51.720 KST [orderer/consensus/kafka] startThread -> ↴
INFO 01f [channel: ch1] Parent consumer set up successfully
2018-08-28 17:03:51.720 KST [orderer/consensus/kafka] ↴
setupChannelConsumerForChannel -> INFO 020 [channel: ch1] Setting up the ↴
channel consumer for this channel (start offset: -2)...
2018-08-28 17:03:51.722 KST [orderer/consensus/kafka] startThread -> ↴
INFO 021 [channel: ch1] Channel consumer set up successfully
2018-08-28 17:03:51.722 KST [orderer/consensus/kafka] startThread -> ↴
INFO 022 [channel: ch1] Start phase completed successfully
2018-08-28 17:03:51.843 KST [msp] DeserializeIdentity -> INFO 023 Obtaining identity
```

3.2.10 Peer의 채널 참여

다음으로, 각 조직의 peer들을 ch1 채널에 참여시키도록 하겠습니다. 예제에서는 모든 peer들이 ch1 채널에 참여할 것입니다.

client 노드에서 peer의 채널 참여를 위한 스크립트를 생성 후 다음의 명령어를 수행합니다.

● peer0를 채널에 참여시키는 스크립트 생성(client 노드에서 실행)

```
root@CLIENT:~/testnet# gedit /root/testnet/peer0-join.sh
```

- /root/etc/peer0-join.sh

```
export CORE_PEER_LOCALMSPID="Org0MSP"
export CORE_PEER_MSPCONFIGPATH=/root/testnet/crypto-config/peerOrganizations/ ⤸
org0/users/Admin@org0/msp
export CORE_PEER_ADDRESS=peer0:7051
peer channel join -b ch1.block
```

peer0-join.sh는 client가 org0 운영자 MSP를 통해 peer0를 채널에 참여시키는 스크립트입니다. 스크립트의 환경변수와 peer channel 명령어를 간단하게 설명하고 넘어가겠습니다.

- · CORE_PEER_LOCALMSPID: client가 속한 조직의 MSP ID입니다.
- · CORE_PEER_MSPCONFIGPATH: client가 속한 조직의 운영자 MSP입니다.
- · CORE_PEER_ADDRESS: client와 연결된 peer의 주솟값입니다.
- · peer channel join -b ch1.block: 채널 생성 후 만들어진 ch1.block 파일을 이용하여 각 peer 노드를 채널에 참여시킵니다.

- peer0-join.sh 권한 변경 후 실행(client 노드에서 실행)

```
root@CLIENT:~/testnet# chmod 777 peer0-join.sh
root@CLIENT:~/testnet# ./peer0-join.sh
```

오류 없이 정상적으로 실행된다면 다음의 스크립트를 이용해서 peer1~3도 채널에 참여시킵니다.

> **NOTE**
>
> 각 peer가 속한 org를 유의하여 설정하기 바랍니다.

- /root/testnet/peer1-join.sh

```
export CORE_PEER_LOCALMSPID="Org0MSP"
export CORE_PEER_MSPCONFIGPATH=/root/testnet/crypto-config/peerOrganizations/ ⤸
org0/users/Admin@org0/msp
```

```
export CORE_PEER_ADDRESS=peer1:7051
peer channel join -b ch1.block
```

- /root/testnet/peer2-join.sh

```
export CORE_PEER_LOCALMSPID="Org1MSP"
export CORE_PEER_MSPCONFIGPATH=/root/testnet/crypto-config/peerOrganizations/↴
org1/users/Admin@org1/msp
export CORE_PEER_ADDRESS=peer2:7051
peer channel join -b ch1.block
```

- /root/testnet/peer3-join.sh

```
export CORE_PEER_LOCALMSPID="Org1MSP"
export CORE_PEER_MSPCONFIGPATH=/root/testnet/crypto-config/peerOrganizations/↴
org1/users/Admin@org1/msp
export CORE_PEER_ADDRESS=peer3:7051
peer channel join -b ch1.block
```

3.2.11 Anchor peer 업데이트

다음으로, Anchor peer 업데이트 작업을 수행하겠습니다. org0의 Anchor peer는
peer0, org1의 Anchor peer는 peer2로 설정하겠습니다.

- Org0의 Anchor peer를 업데이트하는 스크립트 생성(client 노드에서 실행)

```
root@CLIENT:~/testnet# gedit /root/testnet/org0-anchor.sh
```

- /root/testnet/org0-anchor.sh

```
export CORE_PEER_LOCALMSPID="Org0MSP"
export CORE_PEER_MSPCONFIGPATH=/root/testnet/crypto-config/peerOrganizations/↴
org0/users/Admin@org0/msp
export CORE_PEER_ADDRESS=peer0:7051
peer channel create -o orderer0:7050 -c ch1 -f Org0MSPanchors.tx
```

org0-anchor.sh는 org0 조직의 운영자 MSP를 이용하여 peer0을 org0의 Anchor peer
로 업데이트하는 스크립트입니다. 스크립트의 환경변수와 peer channel 명령어를 간단
하게 설명하고 넘어가겠습니다.

- CORE_PEER_LOCALMSPID: client가 속한 조직의 MSP ID입니다.
- CORE_PEER_MSPCONFIGPATH: client가 속한 조직의 운영자 MSP입니다.
- CORE_PEER_ADDRESS: client와 연결된 peer의 주솟값입니다.
- peer channel create -o orderer0:7050 -c ch1 -f Org0MSPanchors.tx: 앞서 생성
  한 Anchor peer 업데이트 트랜잭션인 Org0MSPanchors.tx를 이용하여 orderer0
  노드에게 Anchor peer 업데이트를 요청합니다.

● org0-anchor.sh 권한 변경 후 실행(client 노드에서 실행)

```
root@CLIENT:~/testnet# chmod 777 org0-anchor.sh
root@CLIENT:~/testnet# ./org0-anchor.sh
```

오류 없이 정상적으로 실행된다면 다음의 스크립트를 이용해서 org1의 Anchor peer도
업데이트합니다.

● /root/testnet/org1-anchor.sh

```
export CORE_PEER_LOCALMSPID="Org1MSP"
export CORE_PEER_MSPCONFIGPATH=/root/testnet/crypto-config/peerOrganizations/↴
org1/users/Admin@org1/msp
export CORE_PEER_ADDRESS=peer2:7051
peer channel create -o orderer0:7050 -c ch1 -f Org1MSPanchors.tx
```

3.2.12 체인코드 설치

다음으로, peer 노드에 체인코드를 설치해 보겠습니다. 예제에서는 모든 peer 노드에
체인코드를 설치하겠습니다. 체인코드는 하이퍼레저 패브릭에서 제공하는 샘플 체인코
드를 사용하겠습니다.

예제로 사용하는 체인코드는 정수 데이터를 가지고 있는 변수 a와 b를 분산원장에 저장합니다. a와 b에는 초깃값이 설정되며, 각 변수에 대한 데이터를 체인코드의 query 함수를 통해 읽어오거나 invoke 함수를 통해 a의 값을 b로, 혹은 b의 값을 a로 넘겨줄 수 있는 체인코드입니다.

체인코드의 코드는 $FABRIC_HOME/examples/chaincode/go/example02에서 확인할 수 있습니다.

● **peer0 노드에 체인코드를 설치하는 스크립트 생성(client 노드에서 실행)**

```
root@CLIENT:~/testnet# gedit /root/testnet/installCCpeer0.sh
```

● **/root/testnet/installCCpeer0.sh**

```
export CORE_PEER_LOCALMSPID="Org0MSP"
export CORE_PEER_MSPCONFIGPATH=/root/testnet/crypto-config/peerOrganizations/↴
org0/users/Admin@org0/msp
export CORE_PEER_ADDRESS=peer0:7051
peer chaincode install -n testnetCC -v 1.0 -p github.com/hyperledger/fabric/↴
examples/chaincode/go/example02/cmd
```

installCCpeer0.sh는 peer0 노드에 체인코드를 설치하는 스크립트입니다. 스크립트의 환경설정 변수와 peer chaincode 명령어를 간단하게 설명하고 넘어가겠습니다.

- · CORE_PEER_LOCALMSPID: client가 속한 조직의 MSP ID입니다.

- · CORE_PEER_MSPCONFIGPATH: client가 속한 조직의 운영자 MSP입니다.

- · CORE_PEER_ADDRESS: client와 연결된 peer의 주솟값입니다.

- · peer chaincode install -n example02 -v 1.0 -p github.com/hyperledger/fabric/ examples/chaincode/go/example02: peer chaincode install은 peer에 체인코드를 설치하는 명령어입니다. -n 옵션은 체인코드의 이름, -v 옵션은 체인코드의 버전, -p 옵션은 설치할 체인코드의 경로를 의미합니다. 설치할 체인코드로는 하이퍼레저 패브릭에서 제공하는 'example02' 예제를 사용하고 있습니다.

● installCCpeer0.sh 권한 변경 후 실행(client 노드에서 실행)

```
root@CLIENT:~/testnet# chmod 777 installCCpeer0.sh
root@CLIENT:~/testnet# ./installCCpeer0.sh
```

오류 없이 정상적으로 실행된다면 다음의 스크립트를 이용해서 다른 peer에도 체인코드를 설치합니다.

● /root/testnet/installCCpeer1.sh

```
export CORE_PEER_LOCALMSPID="Org0MSP"
export CORE_PEER_MSPCONFIGPATH=/root/testnet/crypto-config/peerOrganizations/⤸
org0/users/Admin@org0/msp
export CORE_PEER_ADDRESS=peer1:7051
peer chaincode install -n testnetCC -v 1.0 -p github.com/hyperledger/fabric/⤸
examples/chaincode/go/example02/cmd
```

● /root/testnet/installCCpeer2.sh

```
export CORE_PEER_LOCALMSPID="Org1MSP"
export CORE_PEER_MSPCONFIGPATH=/root/testnet/crypto-config/peerOrganizations/⤸
org1/users/Admin@org1/msp
export CORE_PEER_ADDRESS=peer2:7051
peer chaincode install -n testnetCC -v 1.0 -p github.com/hyperledger/fabric/⤸
examples/chaincode/go/example02/cmd
```

● /root/testnet/installCCpeer3.sh

```
export CORE_PEER_LOCALMSPID="Org1MSP"
export CORE_PEER_MSPCONFIGPATH=/root/testnet/crypto-config/peerOrganizations/⤸
org1/users/Admin@org1/msp
export CORE_PEER_ADDRESS=peer3:7051
peer chaincode install -n testnetCC -v 1.0 -p github.com/hyperledger/fabric/⤸
examples/chaincode/go/example02/cmd
```

마지막으로, 체인코드가 정상적으로 설치되었는지 확인하겠습니다.

● peer0 노드에 설치된 체인코드를 확인하는 스크립트 생성(client 노드에서 실행)

```
root@CLIENT:~/testnet# gedit /root/testnet/installedCClist.sh
```

- /root/testnet/installedCClist.sh

```
export CORE_PEER_LOCALMSPID="Org0MSP"
export CORE_PEER_MSPCONFIGPATH=/root/testnet/crypto-config/peerOrganizations/↵
org0/users/Admin@org0/msp
export CORE_PEER_ADDRESS=peer0:7051
peer chaincode list -C ch1 --installed
```

- installedCClist.sh 권한 변경 후 실행(client 노드에서 실행)

```
root@CLIENT:~/testnet# chmod 777 installedCClist.sh
```

```
root@CLIENT:~/testnet# ./installedCClist.sh
Get installed chaincodes on peer:
Name: testnetCC, Version: 1.0, Path: github.com/hyperledger/fabric/examples/↵
chaincode/go/example02/cmd, Id: e3f9a30938d003c50419cabbccb95611bbcdaa3647845↵
ab0eeb3ea2612fec5ec
```

'CORE_PEER_LOCALMSPID'와 'CORE_PEER_ADDRESS' 값을 변경하여 다른 peer 에 설치된 체인코드도 확인할 수 있습니다.

3.2.13 체인코드 인스턴스 생성

다음으로, 체인코드의 인스턴스를 생성하겠습니다. 체인코드는 설치뿐만 아니라 인스 턴스까지 생성해 주어야 비로소 실행될 수 있습니다.

- peer0을 통해 설치한 체인코드를 인스턴스화하는 스크립트 생성(client 노드에서 실행)

```
root@CLIENT:~/testnet# gedit instantiateCC.sh
```

- /root/testnet/instantiateCC.sh

```
export CORE_PEER_LOCALMSPID="Org0MSP"
export CORE_PEER_MSPCONFIGPATH=/root/testnet/crypto-config/peerOrganizations/↵
org0/users/Admin@org0/msp
export CORE_PEER_ADDRESS=peer0:7051
peer chaincode instantiate -o orderer0:7050 -C ch1 -n testnetCC -v 1.0 -c↵
'{"Args":["init","a", "100", "b","200"]}' -P "OR ('Org0MSP.member','Org1MSP.↵
member')"
```

instantiateCC.sh는 peer0 노드를 통해서 ch1 채널에 설치된 example02 체인코드를 인스턴스화하는 스크립트입니다. 스크립트의 환경설정 변수와 peer chaincode 명령어를 간단하게 설명하고 넘어가겠습니다.

- CORE_PEER_LOCALMSPID: client가 속한 조직의 MSP ID입니다.
- CORE_PEER_MSPCONFIGPATH: client가 속한 조직의 운영자 MSP입니다.
- CORE_PEER_ADDRESS: client와 연결된 peer의 주솟값입니다.
- peer chaincode instantiate -o orderer0:7050 -C ch1 -n example02 -v 1.0 -c '{"Args":["init","a", "100", "b","200"]}' -P "OR ('Org0MSP.member','Org1MSP. member')": peer chaincode instantiate는 체인코드를 인스턴스화하는 명령어입니다. -o 옵션은 체인코드의 인스턴스 생성을 요청할 orderer의 주소, -C 옵션은 체인코드의 인스턴스가 생성되는 채널의 이름, -n 옵션은 인스턴스화할 체인코드의 이름, -c 옵션은 체인코드의 초깃값 설정, -P 옵션은 보증 정책을 의미합니다.

보증 정책 'OR ('Org0MSP.member','Org1MSP.member')'는 org0의 구성원 혹은(OR) org1의 구성원의 인증서가 있으면 인스턴스화된 체인코드를 통해 분산원장에 데이터를 기록하는 것을 허락한다는 의미입니다. 즉, 저희 예제에서는 org0과 org1밖에 없으니 모든 구성원이 자신의 인증서 하나만 있으면 인스턴스화된 체인코드를 통해 채널의 분산원장에 데이터를 기록할 수 있는 보증 정책입니다.

● instantiateCC.sh 권한 변경 후 실행(client 노드에서 실행)

```
root@CLIENT:~/testnet# chmod 777 instantiateCC.sh
root@CLIENT:~/testnet# ./instantiateCC.sh
```

마지막으로, 체인코드 인스턴스가 정상적으로 생성되었는지 확인하겠습니다.

● peer0 노드에 설치된 체인코드를 확인하는 스크립트 생성(client 노드에서 실행)

```
root@CLIENT:~/testnet# gedit /root/testnet/instantiatedCClist.sh
```

- /root/testnet/installedCClist.sh

```
export CORE_PEER_LOCALMSPID="Org0MSP"
export CORE_PEER_MSPCONFIGPATH=/root/testnet/crypto-config/peerOrganizations/↴
org0/users/Admin@org0/msp
export CORE_PEER_ADDRESS=peer0:7051
peer chaincode list -C ch1 --instantiated
```

- installedCClist.sh 권한 변경 후 실행(client 노드에서 실행)

```
root@CLIENT:~/testnet# chmod 777 installedCClist.sh
root@CLIENT:~/testnet# ./instantiatedCClist.sh
Get instantiated chaincodes on channel ch1:
Name: testnetCC, Version: 1.0, Path: github.com/hyperledger/fabric/examples/↴
chaincode/go/example02/cmd, Escc: escc, Vscc: vscc
```

오류 없이 정상적으로 실행된다면 다음 절로 넘어가겠습니다.

3.2.14 분산원장의 데이터 읽기

체인코드의 인스턴스화까지 완료했으니 다음으로 체인코드를 이용하여 분산원장의 데이터를 읽어보겠습니다.

- peer0을 통하여 분산원장 데이터를 읽어오는 스크립트 생성(client 노드에서 실행)

```
root@CLIENT:~/testnet# gedit query.sh
```

- /root/testnet/query.sh

```
export CORE_PEER_LOCALMSPID="Org0MSP"
export CORE_PEER_MSPCONFIGPATH=/root/testnet/crypto-config/peerOrganizations/↴
org0/users/Admin@org0/msp
export CORE_PEER_ADDRESS=peer0:7051
peer chaincode query -C ch1 -n testnetCC -c '{"Args":["query","a"]}'
```

query.sh는 peer0 노드를 통해서 분산원장의 데이터를 읽어오는 스크립트입니다. 스크립트의 환경변수와 peer chaincode 명령어를 간단하게 설명하고 넘어가겠습니다.

- CORE_PEER_LOCALMSPID: client가 속한 조직의 MSP ID입니다.

- CORE_PEER_MSPCONFIGPATH: client가 속한 조직의 운영자 MSP입니다.

- CORE_PEER_ADDRESS: client와 연결된 peer의 주솟값입니다.

- peer chaincode query -C ch1 -n example02 -c '{"Args":["query", "a"]}': peer chaincode query는 분산원장의 데이터를 읽어오는 명령어입니다. -C 옵션은 데이터를 읽어올 분산원장이 있는 채널 이름, -n 옵션은 데이터를 읽어오기 위해서 사용할 체인코드의 이름, -c 옵션은 데이터를 읽어오기 위해 사용하는 체인코드의 함수(query)와 읽어올 분산원장의 데이터(a)를 의미합니다.

● query.sh 권한 변경 후 실행(client 노드에서 실행)

```
root@CLIENT:~/testnet# chmod 777 query.sh
root@CLIENT:~/testnet# ./query.sh
100
2018-08-29 01:14:58.680 KST [main] main -> INFO 003 Exiting.....
```

스크립트를 실행하게 되면 앞서 체인코드를 인스턴스화할 때 초기화한 변수 a의 값인 100이 결괏값으로 나타납니다.

3.2.15 분산원장에 데이터 기록

다음으로, 분산원장에 데이터를 수정(기록)하는 작업을 수행해 보겠습니다. 체인코드의 invoke 함수를 통해 a의 값 중 20을 b로 나눠주는 작업을 수행하겠습니다. 즉, 분산원장에 a의 데이터는 100에서 80으로, b의 데이터는 200에서 220으로 변경되어 저장됩니다.

● 분산원장에 a와 b의 데이터를 변경하는 스크립트 생성(client 노드에서 실행)

```
root@CLIENT:~/testnet# gedit invoke.sh
```

- /root/testnet/invoke.sh

```
export CORE_PEER_LOCALMSPID="Org0MSP"
export CORE_PEER_MSPCONFIGPATH=/root/testnet/crypto-config/peerOrganizations/ ↴
org0/users/Admin@org0/msp
export CORE_PEER_ADDRESS=peer0:7051
peer chaincode invoke -o orderer0:7050 -C ch1 -n testnetCC -c '{"Args": ↴
["invoke","a","b","20"]}'
```

invoke.sh는 peer0 노드를 통해서 분산원장에 데이터를 기록(수정)하는 스크립트입니다. 스크립트를 실행하면 분산원장에 저장되어 있는 a의 데이터는 100에서 80으로 수정되고 b의 데이터는 200에서 220으로 수정됩니다. 스크립트의 환경변수와 peer chaincode 명령어를 간단하게 설명하고 넘어가겠습니다.

- CORE_PEER_LOCALMSPID: client가 속한 조직의 MSP ID입니다. 보증 정책에 따라서 Org0MSP와 Org1MSP 모두 분산원장에 데이터 쓰기가 가능합니다.

- CORE_PEER_MSPCONFIGPATH: client가 속한 조직의 운영자 MSP입니다. 마찬가지로, 보증 정책에 따라서 org0의 MSP와 org1의 MSP 모두 분산원장에 데이터 쓰기가 가능합니다.

- CORE_PEER_ADDRESS: client와 연결된 peer의 주솟값입니다.

- peer chaincode invoke -o orderer0:7050 -C ch1 -n example02 -c '{"Args":["invoke","a","b","20"]}': peer chaincode invoke는 분산원장에 데이터를 기록하는 명령어입니다. -o 옵션은 orderer의 주소, -C 옵션은 데이터를 기록하는 분산원장이 있는 채널 이름, -n 옵션은 분산원장에 데이터를 기록하기 위해 사용하는 체인코드 이름, -c 옵션은 데이터를 기록하기 위해 사용하는 체인코드의 함수(invoke)와 변경할 데이터의 내용을 의미합니다.

- invoke.sh 권한 변경 후 실행(client 노드에서 실행)

```
root@CLIENT:~/testnet# chmod 777 invoke.sh
root@CLIENT:~/testnet# ./invoke.sh
2018-09-29 15:45:07.294 KST [chaincodeCmd] chaincodeInvokeOrQuery -> ↴
INFO 001 Chaincode invoke successful. result: status:200
```

- invoke.sh 실행 후 바뀐 a의 결괏값 확인(client 노드에서 실행)

```
root@CLIENT:~/testnet# ./query.sh
80
```

b의 결괏값을 확인하기 위하여 query.sh를 다음과 같이 수정해 줍니다.

- query.sh 수정(client 노드에서 실행)

```
root@CLIENT:~/testnet# gedit query.sh
```

- /root/testnet/query.sh

```
export CORE_PEER_LOCALMSPID="Org0MSP"
export CORE_PEER_MSPCONFIGPATH=/root/testnet/crypto-config/peerOrganizations/↲
org0/users/Admin@org0/msp
export CORE_PEER_ADDRESS=peer0:7051
peer chaincode query -C ch1 -n testnetCC -c '{"Args":["query","b"]}'
```

b의 바뀐 결괏값을 확인합니다.

- invoke.sh 실행 후 바뀐 b의 결괏값 확인(client 노드에서 실행)

```
root@CLIENT:~/testnet# ./query.sh
220
```

3.2.16 트러블슈팅

Cryptogen 사용 시 주의 사항

cryptogen 명령어를 통해 하나의 노드에서 MSP(crypto-config 디렉터리)를 생성한 후 배포해야만 합니다. 모든 노드에서 cryptogen 명령어를 실행하게 되면 각각의 노드에서 서로 다른 MSP가 생성되기 때문에 MSP를 통한 인증이 정상적으로 이루어지지 않습니다.

context deadline exceeded

하이퍼레저 패브릭 네트워크를 구축할 때 가장 흔하게 발생하는 오류 중 하나가 바로
다음과 같은 context deadline exceeded입니다.

```
Error: failed to create deliver client: orderer client failed to connect to
orderer0:7050: failed to create new connection: context deadline exceeded
```

앞의 오류는 orderer0:7050과 연결하지 못했을 때 발생하는 오류입니다. orderer뿐만 아
니라 peer와의 통신에도 종종 발생하는데요, context deadline exceeded 오류가 발생하
면 먼저 'netstat –nptl' 명령어를 통해 IP/PORT 네트워크 상태를 확인합니다.

● orderer0 노드의 정상적인 IP/PORT 네트워크 상태(orderer0 노드에서 실행)

```
root@ORDERER0:~# netstat -nptl
Active Internet connections (only servers)
Proto Recv-Q Send-Q Local Address       Foreign Address   State    PID/Program name
tcp        0      0 127.0.1.1:53        0.0.0.0:*         LISTEN   968/dnsmasq
tcp        0      0 0.0.0.0:22          0.0.0.0:*         LISTEN   863/sshd
tcp        0      0 127.0.0.1:631       0.0.0.0:*         LISTEN   11634/cupsd
tcp        0      0 10.0.1.31:7050      0.0.0.0:*         LISTEN   14262/orderer
tcp6       0      0 :::22               :::*             LISTEN   863/sshd
tcp6       0      0 ::1:631             :::*             LISTEN   11634/cupsd
```

위의 네트워크 상태 결과에는 orderer0의 주소인 10.0.1.31:7050으로 정상적으로 리스
닝(listening)하는 것을 보여주고 있습니다. context deadline exceeded가 발생하는 경우
네트워크 상태를 확인해 보면 서버의 Localhost IP 혹은 활성화된 다른 랜 카드의 IP/
PORT로 리스닝하고 있습니다.

다른 랜 카드의 IP/PORT로 리스닝하고 있으면 해당 랜 카드를 비활성화시켜 준 후 다
시 orderer 혹은 peer를 구동하면 context deadline exceeded 오류를 해결할 수 있습
니다.

아래의 하이퍼레저 패브릭 공식 개발 협업 사이트에 접속하면 현재 개발 진행 사항뿐만 아니라 여러 문제점에 대한 이슈와 해결 방안을 검색할 수 있습니다.

- **Gerrit**: https://gerrit.hyperledger.org/r/#/q/project:fabric
- **Jira**: https://jira.hyperledger.org/projects/FAB/issues

3.3 멀티호스트 환경 운영(Fabric-CA)

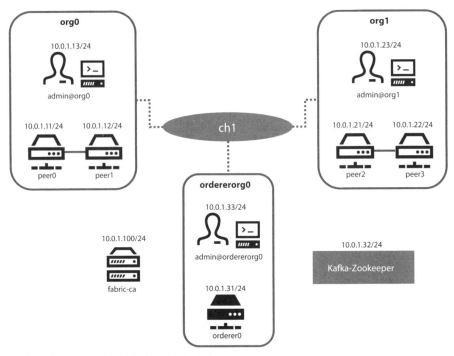

● 멀티호스트 환경 네트워크 구성도(Fabric-CA)

이전 장에서는 cryptogen 도구를 이용하여 하이퍼레저 패브릭 네트워크를 구축하였습니다. 이번 장에서는 Fabric-CA를 이용하여 cryptogen 도구를 사용하지 않고 네트워크를 구축해 보겠습니다.

네트워크 구축에 필요한 호스트 PC의 성능은 다음과 같습니다.

- 메모리: 32GB
- 하드 디스크: 400GB

> **NOTE**
>
> 메모리나 하드 디스크 용량이 부족하다면 부록 A의 "버추얼박스를 이용한 멀티호스트 VM 네트워크 구성"을 참고하기 바랍니다.

> **NOTE**
>
> 이번 예제에서는 MSP 관련 디렉터리 및 파일의 생성/삭제/변경 작업을 굉장히 많이 수행합니다. 이 책에서는 비효율적임에도 불구하고 실습의 정확성을 위해 리눅스 명령어를 통해 디렉터리와 파일을 처리합니다. 하지만 Atom과 같은 IDE에 익숙하신 분들은 IDE를 이용해 실습한다면 좀 더 편리하게 시스템 운영을 할 수 있을 것입니다. Atom 설치 및 사용 방법은 부록 B를 참고하기 바랍니다(이번 절에서 진행하는 실습은 IDE를 사용할 것을 권장합니다).

> **NOTE**
>
> 이번 예제의 시나리오에서는 총 3명의 운영자가 하이퍼레저 패브릭 네트워크를 구축합니다. 3명의 운영자가 함께 수행하는 작업을 독자 1명이 모두 수행하기 때문에 예제를 따라 할 때 복잡하고 어려울 수도 있습니다. 하지만 본 예제를 무사히 완료하고 나면 하이퍼레저 패브릭 운영에 대한 이해를 더욱 높일 수 있는 계기가 될 것입니다. 또한, 예제를 따라 할 때 오타 등의 실수로 인한 오류로 진도가 안 나가는 경우가 분명히 있을 것입니다. 대부분의 오류는 peer, orderer, Fabric-CA 노드에 표시되는 로그에 직관적으로 표시되기 때문에 오류 발생 시 각 노드의 로그를 참고하기 바랍니다.

3.3.1 네트워크 구축

네트워크 노드를 복제하기 전 루트 가상 머신에 Hostname 설정과 Fabric-CA 설치 작업을 수행합니다.

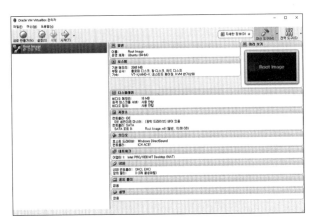

● **루트 가상 머신 실행**

먼저, 다음과 같이 Hostname을 설정해 주겠습니다.

● hostname 및 hosts 파일 설정(루트 가상 머신에서 실행)

```
root@Root-Image:~# gedit /etc/hostname
PEER0으로 변경
root@Root-Image:~# gedit /etc/hosts
```

● /etc/hosts

```
127.0.0.1        localhost

10.0.1.11        peer0
10.0.1.12        peer1
10.0.1.21        peer2
10.0.1.22        peer3
10.0.1.31        orderer0
10.0.1.32        kafka-zookeeper
10.0.1.13        admin@org0
10.0.1.23        admin@org1
10.0.1.33        admin@ordererorg0
```

다음으로, fabric-fa-server와 fabric-ca-client를 설치하겠습니다.

- Fabric-ca 1.3 버전 다운로드 후 컴파일(루트 가상 머신에서 실행)

```
root@Root-Image:~# cd $GOPATH/src/github.com/hyperledger
root@Root-Image:~/gopath/src/github.com/hyperledger# git clone -b↴
release-1.3 https://github.com/hyperledger/fabric-ca
root@Root-Image:~/gopath/src/github.com/hyperledger# cd fabric-ca
root@Root-Image:~/gopath/src/github.com/hyperledger/fabric-ca# make↴
fabric-ca-server
root@Root-Image:~/gopath/src/github.com/hyperledger/fabric-ca# make↴
fabric-ca-client
```

컴파일까지 정상적으로 마쳤다면 다음으로 Fabric-ca에 관한 환경변수를 추가해 줍니다.

- Fabric-ca 환경변수 설정(루트 가상 머신에서 실행)

```
gedit /etc/profile
```

- /etc/profile

파일 하단에 다음과 같이 입력합니다.
```
export PATH=$PATH:$GOPATH/src/github.com/hyperledger/fabric-ca/bin
```

설정한 환경변수를 시스템에 업데이트합니다.

- 환경변수 적용

```
root@Root-Image:~# source /etc/profile
```

Fabric-ca 설치가 잘 완료됐는지 확인해 보겠습니다. fabric-ca-server와 fabric-ca-client 명령어명 입력했을 때 다음과 같이 Fabric-ca 옵션과 관련된 메시지가 출력된다면 설치가 정상적으로 완료된 것입니다.

```
root@Root-Image:~/gopath/src/github.com/hyperledger/fabric-ca# fabric-ca-server
Hyperledger Fabric Certificate Authority Server

Usage:
  fabric-ca-server [command]

Available Commands:
  init      Initialize the fabric-ca server
  start     Start the fabric-ca server
  version   Prints Fabric CA Server version

Flags:
      --address string                      Listening address of fabric-ca-server (default "0.0.0.0")
  -b, --boot string                         The user:pass for bootstrap admin which is required to build default config file
      --ca.certfile string                  PEM-encoded CA certificate file (default "ca-cert.pem")
      --ca.chainfile string                 PEM-encoded CA chain file (default "ca-chain.pem")
      --ca.keyfile string                   PEM-encoded CA key file
  -n, --ca.name string                      Certificate Authority name
      --cacount int                         Number of non-default CA instances
      --cafiles stringSlice                 A list of comma-separated CA configuration files
      --cfg.affiliations.allowremove        Enables removal of affiliations dynamically
      --cfg.identities.allowremove          Enables removal of identities dynamically
      --crl.expiry duration                 Expiration for the CRL generated by the gencrl request (default 24h0m0s)
      --crlsizelimit int                    Size limit of an acceptable CRL in bytes (default 512000)
      --csr.cn string                       The common name field of the certificate signing request to a parent fabric-ca-server
      --csr.hosts stringSlice               A list of space-separated host names in a certificate signing request to a parent fabric-ca-server
      --csr.keyrequest.algo string          Specify key algorithm
      --csr.keyrequest.size int             Specify key size
      --csr.serialnumber string             The serial number in a certificate signing request to a parent fabric-ca-server
      --db.datasource string                Data source which is database specific (default "fabric-ca-server.db")
      --db.tls.certfiles stringSlice        A list of comma-separated PEM-encoded trusted certificate files (e.g. root1.pem,root2.pem)
      --db.tls.client.certfile string       PEM-encoded certificate file when mutual authenticate is enabled
      --db.tls.client.keyfile string        PEM-encoded key file when mutual authentication is enabled
      --db.type string                      Type of database; one of: sqlite3, postgres, mysql (default "sqlite3")
  -d, --debug                               Enable debug level logging
  -H, --home string                         Server's home directory (default ".")
      --idemix.nonceexpiration string       Duration after which a nonce expires (default "15s")
      --idemix.noncesweepinterval string    Interval at which expired nonces are deleted (default "15m")
      --idemix.rhpoolsize int               Specifies revocation handle pool size (default 100)
      --intermediate.enrollment.label string    Label to use in HSM operations
      --intermediate.enrollment.profile string  Name of the signing profile to use in issuing the certificate
      --intermediate.enrollment.type string     The type of enrollment request: 'x509' or 'idemix' (default "x509")
      --intermediate.parentserver.caname string Name of the CA to connect to on fabric-ca-server
  -u, --intermediate.parentserver.url string     URL of the parent fabric-ca-server (e.g. http://<username>:<password>@<address>:<port>)
      --intermediate.tls.certfiles stringSlice   A list of comma-separated PEM-encoded trusted certificate files (e.g. root1.pem,root2.pem)
```

● fabric-ca-server 명령어 실행 화면

```
root@Root-Image:~/gopath/src/github.com/hyperledger/fabric-ca# fabric-ca-client
Hyperledger Fabric Certificate Authority Client

Usage:
  fabric-ca-client [command]

Available Commands:
  affiliation  Manage affiliations
  certificate  Manage certificates
  enroll       Enroll an identity
  gencrl       Generate a CRL
  gencsr       Generate a CSR
  getcainfo    Get CA certificate chain and Idemix public key
  identity     Manage identities
  reenroll     Reenroll an identity
  register     Register an identity
  revoke       Revoke an identity
  version      Prints Fabric CA Client version

Flags:
      --caname string                   Name of CA
      --csr.cn string                   The common name field of the certificate signing request
      --csr.hosts stringSlice           A list of space-separated host names in a certificate signing request
      --csr.keyrequest.algo string      Specify key algorithm
      --csr.keyrequest.size int         Specify key size
      --csr.names stringSlice           A list of comma-separated CSR names of the form <name>=<value> (e.g. C=CA,O=Org1)
      --csr.serialnumber string         The serial number in a certificate signing request
  -d, --debug                           Enable debug level logging
      --enrollment.attrs stringSlice    A list of comma-separated attribute requests of the form <name>[:opt] (e.g. foo,bar:opt)
      --enrollment.label string         Label to use in HSM operations
      --enrollment.profile string       Name of the signing profile to use in issuing the certificate
      --enrollment.type string          The type of enrollment request: 'x509' or 'idemix' (default "x509")
  -H, --home string                     Client's home directory (default "/root/.fabric-ca-client")
      --id.affiliation string           The identity's affiliation
      --id.attrs stringSlice            A list of comma-separated attributes of the form <name>=<value> (e.g. foo=foo1,bar=bar1)
      --id.maxenrollments int           The maximum number of times the secret can be reused to enroll (default CA's Max Enrollment)
      --id.name string                  Unique name of the identity
      --id.secret string                The enrollment secret for the identity being registered
      --id.type string                  Type of identity being registered (e.g. 'peer, app, user') (default "client")
  -M, --mspdir string                   Membership Service Provider directory (default "msp")
  -m, --myhost string                   Hostname to include in the certificate signing request during enrollment (default "Root-Image")
  -a, --revoke.aki string               AKI (Authority Key Identifier) of the certificate to be revoked
  -e, --revoke.name string              Identity whose certificates should be revoked
  -r, --revoke.reason string            Reason for revocation
  -s, --revoke.serial string            Serial number of the certificate to be revoked
      --tls.certfiles stringSlice       A list of comma-separated PEM-encoded trusted certificate files (e.g. root1.pem,root2.pem)
      --tls.client.certfile string      PEM-encoded certificate file when mutual authenticate is enabled
```

● fabric-ca-client 실행 화면

루트 가상 머신을 종료한 후 3.2절과 같이 이미지 복제 기능을 통해 하이퍼레저 패브릭 네트워크 노드를 생성합니다.

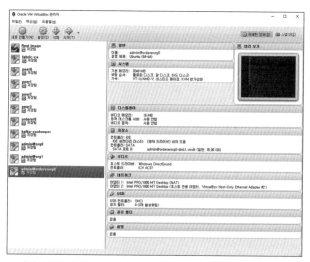

● 이미지 복제를 통한 네트워크 노드 생성

위의 그림과 같이 루트 가상 머신을 복제하여 네트워크 구축에 필요한 10개의 노드들을 생성해 줍니다.

다음으로, 네트워크 노드의 Hostname을 설정하겠습니다. 모든 노드에 다음의 작업을 수행합니다.

● hostname 및 hosts 파일 설정(모든 노드에 설정)

```
root@Root-Image:~# gedit /etc/hostname
호스트 이름으로 변경(PEER0, PEER1…, ORDERER0)
```

다음으로, 모든 노드에 IP 주소를 설정합니다. 앞 절과 마찬가지로 2개의 랜 카드 중 IP가 설정되어 있지 않은 랜 카드(호스트 전용 어댑터)에 IP를 입력하고, IP가 설정되어 있는 랜 카드(NAT)는 비활성화시켜 줍니다. IP 설정을 완료했으면 다음과 같이 모든 노드에 Hostname 통신이 가능한지 확인합니다.

```
PING fabric-ca (10.0.1.100) 56(84) bytes of data.
64 bytes from fabric-ca (10.0.1.100): icmp_seq=1 ttl=64 time=0.023 ms
64 bytes from fabric-ca (10.0.1.100): icmp_seq=2 ttl=64 time=0.024 ms
^C
--- fabric-ca ping statistics ---
2 packets transmitted, 2 received, 0% packet loss, time 1028ms
rtt min/avg/max/mdev = 0.023/0.023/0.024/0.004 ms
root@FABRIC-CA:~#
root@FABRIC-CA:~# ping peer0
PING peer0 (10.0.1.11) 56(84) bytes of data.
64 bytes from peer0 (10.0.1.11): icmp_seq=1 ttl=64 time=0.408 ms
64 bytes from peer0 (10.0.1.11): icmp_seq=2 ttl=64 time=0.409 ms
^C
--- peer0 ping statistics ---
2 packets transmitted, 2 received, 0% packet loss, time 1029ms
rtt min/avg/max/mdev = 0.408/0.408/0.409/0.020 ms
root@FABRIC-CA:~# ping peer1
PING peer1 (10.0.1.12) 56(84) bytes of data.
64 bytes from peer1 (10.0.1.12): icmp_seq=1 ttl=64 time=0.376 ms
64 bytes from peer1 (10.0.1.12): icmp_seq=2 ttl=64 time=0.449 ms
^C
--- peer1 ping statistics ---
2 packets transmitted, 2 received, 0% packet loss, time 1005ms
rtt min/avg/max/mdev = 0.376/0.412/0.449/0.041 ms
root@FABRIC-CA:~# ping peer3
PING peer3 (10.0.1.22) 56(84) bytes of data.
64 bytes from peer3 (10.0.1.22): icmp_seq=1 ttl=64 time=0.470 ms
64 bytes from peer3 (10.0.1.22): icmp_seq=2 ttl=64 time=0.273 ms
^C
--- peer3 ping statistics ---
2 packets transmitted, 2 received, 0% packet loss, time 1030ms
rtt min/avg/max/mdev = 0.273/0.371/0.470/0.100 ms
root@FABRIC-CA:~# ping peer4
ping: unknown host peer4
root@FABRIC-CA:~# ping orderer0
PING orderer0 (10.0.1.31) 56(84) bytes of data.
64 bytes from orderer0 (10.0.1.31): icmp_seq=1 ttl=64 time=0.427 ms
64 bytes from orderer0 (10.0.1.31): icmp_seq=2 ttl=64 time=0.196 ms
^C
--- orderer0 ping statistics ---
```

● **Ping 테스트 완료**

정상적으로 통신하면 하이퍼레저 패브릭 운영을 위한 네트워크 구축이 완료된 것입니다.

3.2절에서 생성한 VM을 재활용하고 싶은 경우 3.2절에서 생성한 블록체인 저장 파일을 모두 삭제해 주어야 합니다. 다음의 명령어를 통해 블록체인 저장 파일을 모두 삭제하겠습니다. (core.yaml 파일에서 블록체인 저장 경로를 새로 지정해 줄 수 있지만, 설정의 편의를 위해 파일을 삭제하겠습니다.)

● 블록체인 저장 파일 삭제(모든 peer와 orderer 노드에서 실행)

```
root@(PEER 혹은 ORDERER):~# cd /root/testnet
root@(PEER 혹은 ORDERER):~# rm -rf /var/hyperledger/
root@(PEER 혹은 ORDERER):~# rm -rf crypto-config
```

● 블록체인 저장 파일 삭제(kafka-zookeeper 노드에서 실행)

```
root@KAFKA-ZOOKEEPER:~# docker network prune
root@KAFKA-ZOOKEEPER:~# docker system prune
root@KAFKA-ZOOKEEPER:~# docker volume prune
```

3.3.2 Fabric-CA 서버 실행 및 Fabric-CA 서버의 운영자 계정 생성

네트워크 구축을 완료했으면 다음으로 Fabric-CA 서버를 구동합니다. Fabric-CA 서버 구동을 위해 다음과 같이 환경변수를 설정합니다.

● Fabric-ca 설정파일 저장 경로 설정(fabric-ca 노드에서 실행)

```
root@FABRIC-CA:~# gedit /etc/profile
```
파일 하단에 다음과 같이 입력합니다.
```
export FABRIC_CA_SERVER_HOME=/root/testnet/
```
저장 후 종료
```
root@FABRIC-CA:~# source /etc/profile
root@FABRIC-CA:~# cd $FABRIC_CA_SERVER_HOME #설정한 경로로 이동하는지 확인
```

환경변수 설정을 완료했으면 다음으로 Fabric-CA 서버를 구동합니다.

● Fabric-CA 서버 구동(fabric-ca 노드에서 실행)

```
root@FABRIC-CA:~/testnet# fabric-ca-server start -b admin:adminpw --cfg.⤸
affiliations.allowremove --cfg.identities.allowremove -d
```

fabric-ca-server start는 Fabric-CA 서버를 구동하는 명령어입니다. 서버 구동에 들어가는 옵션을 간단하게 설명하고 넘어가겠습니다.

- -b admin:adminpw: -b 옵션은 Fabric-CA 서버의 운영자 ID:PASSWORD를 지정하는 옵션입니다.
- --cfg.affiliations.allowremove: Fabric-CA 서버 운영자에게 조직을 추가하고 삭제하는 권한을 부여합니다.
- --cfg.identities.allowremove: Fabric-CA 서버 운영자에게 사용자 계정을 추가하고 삭제하는 권한을 부여합니다.
- -d: Fabric-CA 서버의 상세 로그를 표시합니다.

3.3.3 Fabric-CA 서버 운영자 MSP 생성

다음으로, Fabric-CA 서버 운영자의 MSP를 생성하겠습니다. 예제에서는 Fabric-CA 서버 운영자 권한을 admin@ordererorg0 노드에게 부여하겠습니다.

우선, 다음과 같이 환경변수를 설정해 줍니다.

● Fabric-CA 클라이언트 설정파일 저장 경로 설정(admin@ordererorg0 노드에서 실행)

```
root@ADMIN-ORDERERORG0:~# gedit /etc/profile
파일 맨 아래에 다음과 같이 입력합니다.
export FABRIC_CA_CLIENT_HOME=/root/testnet/
저장 후 종료
root@ADMIN-ORDERERORG0:~# source /etc/profile
root@ADMIN-ORDERERORG0:~# cd $FABRIC_CA_CLIENT_HOME
```

환경변수 설정을 완료했으면 다음으로 admin@ordererorg0 노드에 Fabric-CA 운영자 계정을 등록하겠습니다.

● Fabric-CA 운영자 권한 획득(admin@ordererorg0 노드에서 실행)

```
root@ADMIN-ORDERERORG0:~/testnet# fabric-ca-client enroll -u ↵
http://admin:adminpw@10.0.1.100:7054
```

위의 명령어는 앞서 Fabric-CA 서버를 구동하면서 생성한 운영자 계정을 이용하여 Fabric-CA 서버 운영자의 MSP를 가져오는 명령어입니다. 명령어에 사용되는 옵션을 간단하게 설명하고 넘어가겠습니다.

- -u: MSP를 가져올 서버의 주소와 ID/PASSWORD를 입력합니다. http://ID:PASSWORD@Fabric-CA서버주소

MSP를 생성한 후 ls 명령어를 입력하면 다음과 같은 2개의 파일이 생성된 것을 확인할 수 있습니다.

- fabric-ca-client-config.yaml: Fabric-CA 클라이언트 설정이 담긴 파일입니다. Fabric-CA 서버의 주소, MSP 경로, tls 설정 등이 설정되어 있습니다.
- msp 디렉터리: Fabric-CA 서버 운영자 권한을 사용할 수 있는 MSP입니다.

3.3.4 조직 생성 및 조직 운영자 MSP 생성

다음으로, 앞서 획득한 Fabri-CA 서버 운영자 MSP를 이용하여 조직을 생성해 보겠습니다. 우선, 다음의 명령어를 통해 초깃값으로 설정되어 있는 조직을 제거합니다.

● 기본 설정 조직 확인 및 제거(admin@ordererorg0 노드에서 실행)

```
root@ADMIN-ORDERERORG0:~/testnet# fabric-ca-client affiliation list
affiliation: .
   affiliation: org2
      affiliation: org2.department1
   affiliation: org1
      affiliation: org1.department1
      affiliation: org1.department2

root@ADMIN-ORDERERORG0:~/testnet# fabric-ca-client affiliation remove --force org1
root@ADMIN-ORDERERORG0:~/testnet# fabric-ca-client affiliation remove --force org2
```

초깃값 설정 조직을 모두 제거하였다면 다음으로 예제의 네트워크 구성에 맞게 조직을 추가해 줍니다.

- 조직 추가 및 확인(admin@ordererorg0 노드에서 실행)

```
root@ADMIN-ORDERERORG0:~/testnet# fabric-ca-client affiliation add org0
root@ADMIN-ORDERERORG0:~/testnet# fabric-ca-client affiliation add org1
root@ADMIN-ORDERERORG0:~/testnet# fabric-ca-client affiliation add ordererorg0
root@ADMIN-ORDERERORG0:~/testnet# fabric-ca-client affiliation list
affiliation: .
    affiliation: org1
    affiliation: ordererorg0
    affiliation: org0
```

다음으로, 각 조직의 운영자 노드에서 Fabric-CA 서버의 디지털 인증서를 다운로드하겠습니다.

- 인증서를 저장할 디렉터리 생성(admin@org0 노드에서 실행)

```
root@ADMIN-ORG0:~# mkdir -p /root/testnet/crypto-config/peerOrganizations/org0/msp
```

- 인증서 저장(admin@org0 노드에서 실행)

```
root@ADMIN-ORG0:~# fabric-ca-client getcacert -u http://10.0.1.100:7054 -M /↵
root/testnet/crypto-config/peerOrganizations/org0/msp
```

- 인증서를 저장할 디렉터리 생성(admin@org1 노드에서 실행)

```
root@ADMIN-ORG1:~/testnet# mkdir -p /root/testnet/crypto-config/↵
peerOrganizations/org1/msp
```

- 인증서 저장(admin@org1 노드에서 실행)

```
root@ADMIN-ORG1:~/testnet# fabric-ca-client getcacert -u http://↵
10.0.1.100:7054 -M /root/testnet/crypto-config/peerOrganizations/org1/msp
```

- 인증서를 저장할 디렉터리 생성(admin@ordererorg0 노드에서 실행)

```
root@ADMIN-ORDERERORG0:~# mkdir -p /root/testnet/crypto-config/↵
ordererOrganizations/ordererorg0/msp
```

- 인증서 저장(admin@ordererorg0 노드에서 실행)

```
root@ADMIN-ORDERERORG0:~# fabric-ca-client getcacert -u http://↵
10.0.1.100:7054 -M /root/testnet/crypto-config/peerOrganizations/ordererorg0/msp
```

각 노드의 cacerts 디렉터리의 인증서 이름은 ca.crt로 변경해 줍니다

> **NOTE**
>
> 당연히 cacerts의 디지털 인증서 이름은 네트워크 운영에 영향을 미치지 않지만, 3.2절 예제의
> 스크립트 재사용을 위해서 해당 작업들을 수행하겠습니다.

- cacerts의 인증서 이름 변경 (admin@org0 노드에서 실행)

```
root@ADMIN-ORG0:~# mv /root/testnet/crypto-config/peerOrganizations/org0/msp/↵
cacerts/10-0-1-100-7054.pem /root/testnet/crypto-config/peerOrganizations/↵
org0/msp/cacerts/ca.crt
```

- cacerts의 인증서 이름 변경(admin@org1 노드에서 실행)

```
root@ADMIN-ORG1:~# mv /root/testnet/crypto-config/peerOrganizations/org1/msp/↵
cacerts/10-0-1-100-7054.pem /root/testnet/crypto-config/peerOrganizations/↵
org1/msp/cacerts/ca.crt
```

- cacerts의 인증서 이름 변경(admin@ordererorg0 노드에서 실행)

```
root@ADMIN-ORDERERORG0:~# mv /root/testnet/crypto-config/ordererOrganization/↵
ordererorg0/msp/cacerts/10-0-1-100-7054.pem /root/testnet/crypto-config/↵
ordererOrganizations/ordererorg0/msp/cacerts/ca.crt
```

다음으로, Fabric-CA 서버의 운영자 권한을 가지고 있는 admin@ordererorg0 노드
에서 각 조직의 운영자 계정을 등록하겠습니다. 각 조직의 운영자 계정 등록을 위해
Fabric-CA 서버 운영자 MSP를 획득할 당시 생성된 fabric-ca-client-config.yaml 파일
을 수정해야 합니다.

- 조직 운영자 계정 생성을 위해 Fabric-CA 서버 운영자 노드의 fabric-ca-client-config.yaml 수정 (admin@ordererorg0 노드에서 실행)

```
root@ADMIN-ORDERERORG0:~# gedit /root/testnet/fabric-ca-client-config.yaml
```

- /root/testnet/fabric-ca-client-config.yaml

```
1    ###########################################################################
2    #   This is a configuration file for the fabric-ca-client command.
3    #
4    #   COMMAND LINE ARGUMENTS AND ENVIRONMENT VARIABLES
5    #   ------------------------------------------------
6    #   Each configuration element can be overridden via command line
7    #   arguments or environment variables.  The precedence for determining
8    #   the value of each element is as follows:
9    #   1) command line argument
10   #      Examples:
11   #      a) --url https://localhost:7054
12   #         To set the fabric-ca server url
13   #      b) --tls.client.certfile certfile.pem
14   #         To set the client certificate for TLS
15   #   2) environment variable
16   #      Examples:
17   #      a) FABRIC_CA_CLIENT_URL=https://localhost:7054
18   #         To set the fabric-ca server url
19   #      b) FABRIC_CA_CLIENT_TLS_CLIENT_CERTFILE=certfile.pem
20   #         To set the client certificate for TLS
21   #   3) configuration file
22   #   4) default value (if there is one)
23   #      All default values are shown beside each element below.
24   #
25   #   FILE NAME ELEMENTS
26   #   ------------------
27   #   The value of all fields whose name ends with "file" or "files" are
28   #   name or names of other files.
29   #   For example, see "tls.certfiles" and "tls.client.certfile".
30   #   The value of each of these fields can be a simple filename, a
31   #   relative path, or an absolute path.  If the value is not an
32   #   absolute path, it is interpretted as being relative to the location
33   #   of this configuration file.
34   #
35   ###########################################################################
36
37   ###########################################################################
38   # Client Configuration
```

```
39   ########################################################################
40
41   # URL of the Fabric-ca-server (default: http://localhost:7054)
42   url: http://10.0.1.100:7054
43
44   # Membership Service Provider (MSP) directory
45   # This is useful when the client is used to enroll a peer or orderer, so
46   # that the enrollment artifacts are stored in the format expected by MSP.
47   mspdir: msp
48
49   ########################################################################
50   #    TLS section for secure socket connection
51   #
52   #  certfiles - PEM-encoded list of trusted root certificate files
53   #  client:
54   #    certfile - PEM-encoded certificate file for when client authentication
55   #    is enabled on server
56   #    keyfile - PEM-encoded key file for when client authentication
57   #    is enabled on server
58   ########################################################################
59   tls:
60     # TLS section for secure socket connection
61     certfiles:
62     client:
63       certfile:
64       keyfile:
65
66   ########################################################################
67   #  Certificate Signing Request section for generating the CSR for an
68   #  enrollment certificate (ECert)
69   #
70   #  cn - Used by CAs to determine which domain the certificate is to be ⤸
     generated for
71   #
72   #  serialnumber - The serialnumber field, if specified, becomes part of ⤸
     the issued
73   #     certificate's DN (Distinguished Name).  For example, one use case ⤸
     for this is
74   #     a company with its own CA (Certificate Authority) which issues ⤸
     certificates
75   #     to its employees and wants to include the employee's serial ⤸
     number in the DN
76   #     of its issued certificates.
77   #     WARNING: The serialnumber field should not be confused with the ⤸
     certificate's
```

```
78   #     serial number which is set by the CA but is not a component of the
79   #     certificate's DN.
80   #
81   # names - A list of name objects. Each name object should contain at ⤵
     least one
82   #     "C", "L", "O", or "ST" value (or any combination of these) where these
83   #     are abbreviations for the following:
84   #         "C": country
85   #         "L": locality or municipality (such as city or town name)
86   #         "O": organization
87   #         "OU": organizational unit, such as the department responsible ⤵
     for owning the key;
88   #          it can also be used for a "Doing Business As" (DBS) name
89   #         "ST": the state or province
90   #
91   #     Note that the "OU" or organizational units of an ECert are always ⤵
     set according
92   #     to the values of the identities type and affiliation. OUs are ⤵
     calculated for an enroll
93   #     as OU=<type>, OU=<affiliationRoot>, ..., OU=<affiliationLeaf>. ⤵
     For example, an identity
94   #     of type "client" with an affiliation of "org1.dept2.team3" would ⤵
     have the following
95   #     organizational units: OU=client, OU=org1, OU=dept2, OU=team3
96   #
97   # hosts - A list of host names for which the certificate should be valid
98   #
99   #############################################################################
100  csr:
101    cn: admin
102    serialnumber:
103    names:
104      - C: US
105        ST: North Carolina
106        L:
107        O: Hyperledger
108        OU: Fabric
109    hosts:
110      - ADMIN-ORDERERORG0
111
112  #############################################################################
113  # Registration section used to register a new identity with fabric-ca server
114  #
115  # name - Unique name of the identity
116  # type - Type of identity being registered (e.g. 'peer, app, user')
```

```
117 #   affiliation - The identity's affiliation
118 #   maxenrollments - The maximum number of times the secret can be ↴
    reused to enroll.
119 #                   Specially, -1 means unlimited; 0 means to use CA's ↴
    max enrollment
120 #                   value.
121 #   attributes - List of name/value pairs of attribute for identity
122 #########################################################################
123 id:
124   name:
125   type:
126   affiliation:
127   maxenrollments: 0
128   attributes:
129    # - name:
130    #   value:
131
132 #########################################################################
133 #   Enrollment section used to enroll an identity with fabric-ca server
134 #
135 #   profile - Name of the signing profile to use in issuing the certificate
136 #   label - Label to use in HSM operations
137 #########################################################################
138 enrollment:
139   profile:
140   label:
141
142 #########################################################################
143 # Name of the CA to connect to within the fabric-ca server
144 #########################################################################
145 caname:
146
147 #########################################################################
148 # BCCSP (BlockChain Crypto Service Provider) section allows to select which
149 # crypto implementation library to use
150 #########################################################################
151 bccsp:
152     default: SW
153     sw:
154         hash: SHA2
155         security: 256
156         filekeystore:
157             # The directory used for the software file-based keystore
158             keystore: msp/keystore
```

먼저 org0 조직의 운영자 계정 생성을 위해 123~130번째 줄을 다음과 같이 수정해 줍니다.

- admin@ordererorg0의 /root/testnet/fabric-ca-client-config.ayml 파일 123~130번째 줄을 다음과 같이 수정

```
1    id:
2      name: Admin@org0
3      type: client
4      affiliation: org0
5      maxenrollments: 0
6      attributes:
7        - name: hf.Registrar.Roles
8          value: client,orderer,peer,user
9        - name: hf.Registrar.DelegateRoles
10         value: client,orderer,peer,user
11       - name: hf.Registrar.Attributes
12         value: "*"
13       - name: hf.GenCRL
14         value: true
15       - name: hf.Revoker
16         value: true
17       - name: hf.AffiliationMgr
18         value: true
19       - name: hf.IntermediateCA
20         value: true
21       - name: role
22         value: admin
23         ecert: true
```

파일의 수정 코드를 간략하게 설명하고 넘어가겠습니다.

1~4번째 줄은 Admin@org0 이름의 ID로 org0 조직의 운영자 계정을 생성한다는 의미입니다. 5번째 줄은 현재 등록하는 계정을 사용할 수 있는 횟수를 의미합니다. 예를 들어, maxenrollments 값이 1로 설정되어 있다면 해당 계정을 이용하여 fabric-ca-client enroll 명령어를 한 번밖에 사용할 수 없습니다. 0으로 설정하면 등록한 계정을 무제한으로 사용할 수 있습니다(v1.3에서는 -1로 설정 시 등록한 계정을 무제한으로 사용할 수 있으며, 0으로 설정 시에는 ID 등록 기능(registration & enrollment)을 비활성화시키게 됩니다). 6~23

번째 줄은 Admin@org0 계정으로 org0 조직에서 수행하는 작업에 대한 권한을 부여하는 내용을 담고 있습니다. 주요 옵션값 몇 가지를 정리해 보겠습니다. 그 밖에 궁금한 옵션은 fabric-ca-client 명령어를 통해 확인하기 바랍니다.

- 7~8번째 줄: Admin@org0 계정으로 등록할 수 있는 노드의 종류를 의미합니다. client, orderer, peer, user 타입의 노드를 등록할 수 있습니다.
- 13~14번째 줄: CRL을 생성할 수 있습니다.
- 21~22번째 줄: 운영자 권한을 가지고 있습니다.

다음으로, 수정한 내용을 바탕으로 Admin@org0 계정을 생성하겠습니다.

● Admin@org0 계정 생성(admin@ordererorg0 노드에서 실행)

```
root@ADMIN-ORDERERORG0:~# fabric-ca-client register --id.secret=org0password
2018/08/31 13:43:12 [INFO] Configuration file location: /root/testnet/ ↵
fabric-ca-client-config.yaml
```

--id.secret = org0password를 지정해 주지 않으면 랜덤 값의 비밀번호가 생성됩니다. 예제에서는 Admin@org0 계정의 비밀번호를 org0password로 지정하였습니다.

org1과 ordererorg0의 계정도 같은 방법으로 생성하겠습니다.

● fabric-ca-client-config.yaml 파일 수정(admin@ordererorg0 노드에서 실행)

```
root@ADMIN-ORDERERORG0:~# gedit /root/testnet/fabric-ca-client-config.yaml
```

org1 조직의 운영자 계정 생성을 위해 2번째 줄과 4번째 줄을 다음과 같이 수정해 줍니다.

● admin@org1의 /root/testnet/fabric-ca-client-config.ayml 파일 123~130번째 줄을 다음과 같이 수정

```
1   id:
2     name: Admin@org1
3     type: client
```

```
4    affiliation: org1
5    maxenrollments: 0
6    attributes:
7      - name: hf.Registrar.Roles
8        value: client,orderer,peer,user
9      - name: hf.Registrar.DelegateRoles
10       value: client,orderer,peer,user
11     - name: hf.Registrar.Attributes
12       value: "*"
13     - name: hf.GenCRL
14       value: true
15     - name: hf.Revoker
16       value: true
17     - name: hf.AffiliationMgr
18       value: true
19     - name: hf.IntermediateCA
20       value: true
21     - name: role
22       value: admin
23       ecert: true
```

수정한 내용을 바탕으로 Admin@org1 계정을 생성하겠습니다.

● Admin@org1 계정 생성(admin@ordererorg0 노드에서 실행)

```
root@ADMIN-ORDERERORG0:~# fabric-ca-client register --id.secret=org1password
2018/08/31 15:47:11 [INFO] Configuration file location: /root/testnet/↵
fabric-ca-client-config.yaml
Password: org1password
```

다음으로, ordererorg0 조직의 운영자 계정을 생성하겠습니다.

ordererorg0 조직의 운영자 계정 생성을 위해 2번째 줄과 4번째 줄을 다음과 같이 수정해 줍니다.

● admin@ordererorg0의 /root/testnet/fabric-ca-client-config.ayml 파일 123~130번째 줄을 다음과 같이 수정

```
1    id:
2      name: Admin@ordererorg0
3      type: client
```

```
 4     affiliation: ordererorg0
 5     maxenrollments: 0
 6     attributes:
 7      - name: hf.Registrar.Roles
 8        value: client,orderer,peer,user
 9      - name: hf.Registrar.DelegateRoles
10        value: client,orderer,peer,user
11      - name: hf.Registrar.Attributes
12        value: "*"
13      - name: hf.GenCRL
14        value: true
15      - name: hf.Revoker
16        value: true
17      - name: hf.AffiliationMgr
18        value: true
19      - name: hf.IntermediateCA
20        value: true
21      - name: role
22        value: admin
23        ecert: true
```

수정한 내용을 바탕으로 Admin@ordererorg0 계정을 생성하겠습니다.

● Admin@ordererorg0 계정 생성(admin@ordererorg0 노드에서 실행)

```
root@ADMIN-ORDERERORG0:~# fabric-ca-client register --id.secret=ordererorg0password
2018/08/31 15:47:11 [INFO] Configuration file location: /root/testnet/↵
fabric-ca-client-config.yaml
Password: ordererorg0password
```

등록한 3개의 계정을 이용하여 각 조직의 운영자 노드에 MSP를 생성하겠습니다. 먼저,
org0 조직의 운영자 MSP부터 생성하겠습니다.

● org0 조직 운영자 MSP 생성(admin@org0 노드에서 실행)

```
root@ADMIN-ORG0:~# mkdir -p /root/testnet/crypto-config/peerOrganizations/↵
org0/users/Admin@org0/
root@ADMIN-ORG0:~# fabric-ca-client enroll -u http://Admin@org0:org0password↵
@10.0.1.100:7054 -H /root/testnet/crypto-config/peerOrganizations/org0/↵
users/Admin@org0/
```

- 디지털 인증서/개인키 이름 변경 및 사용.하지 않는 폴더 삭제(admin@org0 노드에서 실행)

```
root@ADMIN-ORG0:~# mv /root/testnet/crypto-config/peerOrganizations/org0/ ⤸
users/Admin@org0/msp/cacerts/10-0-1-100-7054.pem /root/testnet/crypto-config/ ⤸
peerOrganizations/org0/users/Admin@org0/msp/cacerts/ca.crt
root@ADMIN-ORG0:~#  mv
/root/testnet/crypto-config/peerOrganizations/org0/users/Admin@org0/msp/ ⤸
keystore/개인키 /root/testnet/crypto-config/peerOrganizations/org0/users/ ⤸
Admin@org0/msp/keystore/server.key
```

> **NOTE**
>
> keystore 디렉터리의 개인키는 생성할 때마다 각각 다른 개인키가 생성됩니다.

같은 방식으로 org1, ordererorg0 조직의 운영자 MSP를 생성합니다.

- org1 조직 운영자 MSP 생성 (admin@org1 노드에서 실행)

```
root@ADMIN-ORG1:~# mkdir -p /root/testnet/crypto-config/peerOrganizations/ ⤸
org1/users/Admin@org1/
root@ADMIN-ORG1:~# fabric-ca-client enroll -u http://Admin@org1:org1passwo ⤸
rd@10.0.1.100:7054 -H /root/testnet/crypto-config/peerOrganizations/org1/ ⤸
users/Admin@org1/
```

- 디지털 인증서/개인키 이름 변경 및 사용하지 않는 폴더 삭제(admin@org1 노드에서 실행)

```
root@ADMIN-ORG1:~#  mv /root/testnet/crypto-config/peerOrganizations/org1/ ⤸
users/Admin@org1/msp/cacerts/10-0-1-100-7054.pem /root/testnet/crypto-config/ ⤸
peerOrganizations/org1/users/Admin@org1/msp/cacerts/ca.crt
root@ADMIN-ORG1:~# mv
/root/testnet/crypto-config/peerOrganizations/org1/users/Admin@org1/msp/ ⤸
keystore/개인키 /root/testnet/crypto-config/peerOrganizations/org1/users/ ⤸
Admin@org1/msp/keystore/server.key
```

- ordererorg0 조직 운영자 MSP 생성(admin@ordererorg0 노드에서 실행)

```
root@ADMIN-ORDERERORG0:~/testnet# mkdir -p /root/testnet/crypto-config/ ⤸
ordererOrganizations/ordererorg0/users/Admin@ordererorg0
root@ADMIN-ORDERERORG0:~/testnet# fabric-ca-client enroll -u http:// ⤸
Admin@ordererorg0:ordererorg0password@10.0.1.100:7054 -H /root/testnet/ ⤸
crypto-config/ordererOrganizations/ordererorg0/users/Admin@ordererorg0/
```

● 디지털 인증서/개인키 이름 변경 및 사용하지 않는 폴더 삭제(admin@ordererorg0 노드에서 실행)

```
root@ADMIN-ORDERERORG0:~/testnet# mv /root/testnet/crypto-config/ ↲
ordererOrganizations/ordererorg0/users/Admin@ordererorg0/msp/ ↲
cacerts/10-0-1-100-7054.pem /root/testnet/crypto-config/ordererOrganizations/ ↲
ordererorg0/users/Admin@ordererorg0/msp/cacerts/ca.crt
root@ADMIN-ORDERERORG0:~/testnet# mv /root/testnet/crypto-config/ ↲
ordererOrganizations/ordererorg0/users/Admin@ordererorg0/msp/keystore/ ↲
개인키 /root/testnet/crypto-config/ordererOrganizations/ordererorg0/users/ ↲
Admin@ordererorg0/msp/keystore/server.key
```

> **NOTE**
>
> Fabric-CA 운영자 MSP와 ordererorg0 조직의 운영자 MSP는 서로 다른 MSP입니다. 예제에서
> 는 admin@ordererorg0 노드가 Fabric-CA 운영자 MSP와 ordererorg0 조직의 운영자 MSP를
> 모두 가지고 있습니다.

마지막으로, 각 조직의 운영자 MSP 디렉터리에 admincerts 디렉터리를 생성한 후
signcerts 디렉터리에 있는 공개키 파일을 Admin@조직이름-cert.pem 이름으로 복사합
니다.

● admincerts 디렉터리 생성 후 공개키 파일 복사(admin@org0 노드에서 실행)

```
root@ADMIN-ORG0:~# mkdir -p /root/testnet/crypto-config/peerOrganizations/ ↲
org0/users/Admin@org0/msp/admincerts
root@ADMIN-ORG0:~# cp /root/testnet/crypto-config/peerOrganizations/org0/ ↲
users/Admin@org0/msp/signcerts/cert.pem /root/testnet/crypto-config/ ↲
peerOrganizations/org0/users/Admin@org0/msp/admincerts/Admin@org0-cert.pem
```

tree 명령어 입력 후 다음과 같이 디렉터리 구조가 생성되어 있어야만 합니다.

● tree /root/testnet/crypto-config/(admin@org0 노드에서 실행)

```
/root/testnet/crypto-config/
└── peerOrganizations
    └── org0
        ├── msp
        │   ├── cacerts
        │   │   └── ca.crt
```

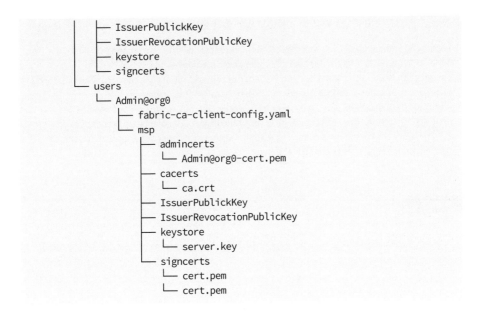

```
                ├── IssuerPublickKey
                ├── IssuerRevocationPublicKey
                ├── keystore
                └── signcerts
    └── users
        └── Admin@org0
            ├── fabric-ca-client-config.yaml
            └── msp
                ├── admincerts
                │   └── Admin@org0-cert.pem
                ├── cacerts
                │   └── ca.crt
                ├── IssuerPublickKey
                ├── IssuerRevocationPublicKey
                ├── keystore
                │   └── server.key
                └── signcerts
                    └── cert.pem
                    └── cert.pem
```

각 조직의 다른 운영자 노드에서도 같은 방법으로 admincerts 디렉터리를 생성한 후 공 개키를 복사하겠습니다.

● admincerts 디렉터리 생성 후 공개키 파일 복사(admin@org1 노드에서 실행)

```
root@ADMIN-ORG1:~# mkdir -p /root/testnet/crypto-config/peerOrganizations/ ⤸
org1/users/Admin@org1/msp/admincerts
root@ADMIN-ORG1:~# cp /root/testnet/crypto-config/peerOrganizations/org1/ ⤸
users/Admin@org1/msp/signcerts/cert.pem /root/testnet/crypto-config/ ⤸
peerOrganizations/org1/users/Admin@org1/msp/admincerts/Admin@org1-cert.pem
```

● tree /root/testnet/crypto-config/(admin@org1 노드에서 실행)

```
/root/testnet/crypto-config/
└── peerOrganizations
    └── org1
        ├── msp
            ├── cacerts
            │   └── ca.crt
            ├── IssuerPublickKey
            ├── IssuerRevocationPublicKey
            ├── keystore
```

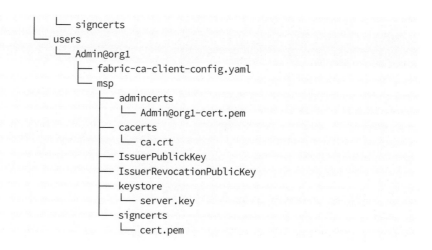

```
        └── signcerts
    └── users
        └── Admin@org1
            ├── fabric-ca-client-config.yaml
            └── msp
                ├── admincerts
                │   └── Admin@org1-cert.pem
                ├── cacerts
                │   └── ca.crt
                ├── IssuerPublickKey
                ├── IssuerRevocationPublicKey
                ├── keystore
                │   └── server.key
                └── signcerts
                    └── cert.pem
```

● admincerts 디렉터리 생성 후 공개키 파일 복사(admin@ordererorg0 노드에서 실행)

```
root@ADMIN-ORDERERORG0:~# mkdir -p /root/testnet/crypto-config/ ⤶
ordererOrganizations/ordererorg0/users/Admin@ordererorg0/msp/admincerts
root@ADMIN-ORDERERORG0:~# cp /root/testnet/crypto-config/ordererOrganizations/ ⤶
ordererorg0/users/Admin@ordererorg0/msp/signcerts/cert.pem /root/testnet/ ⤶
crypto-config/ordererOrganizations/ordererorg0/users/Admin@ordererorg0/msp/ ⤶
admincerts/Admin@ordererorg0-cert.pem
```

● tree /root/testnet/crypto-config/(admin@ordererorg0 노드에서 실행)

```
/root/testnet/crypto-config/
└── peerOrganizations
    └── ordererorg0
        ├── msp
        │   ├── cacerts
        │   │   └── ca.crt
        │   ├── IssuerPublickKey
        │   ├── IssuerRevocationPublicKey
        │   ├── keystore
        │   └── signcerts
        └── users
            └── Admin@ordererorg0
                ├── fabric-ca-client-config.yaml
                └── msp
                    ├── admincerts
                    │   └── Admin@ordererorg0-cert.pem
```

```
        ├── cacerts
        │   └── ca.crt
        ├── IssuerPublickKey
        ├── IssuerRevocationPublicKey
        ├── keystore
        │   └── server.key
        └── signcerts
            └── cert.pem
```

3.3.5 Peer 및 Orderer 노드 MSP 생성

다음으로, peer와 orderer 구동을 위한 MSP를 생성하겠습니다. 각 조직의 운영자는 자신이 담당하는 조직의 peer와 orderer 노드에 MSP를 생성하기 위한 계정을 등록해야 합니다. 먼저, org0 조직의 운영자가 자신의 peer 노드에 MSP를 생성하기 위한 계정을 등록하는 것을 보여드리겠습니다. peer 계정 등록을 위해 조직의 운영자 노드에 생성된 fabric-ca-client-config.yaml 파일을 수정하겠습니다.

- peer 계정 생성을 위해 org0 운영자 노드의 fabric-ca-client-config.yaml 수정(admin@org0 노드에서 실행)

```
root@ADMIN-ORG0:~# gedit /root/testnet/crypto-config/peerOrganizations/org0/ ↲
users/Admin@org0/fabric-ca-client-config.yaml
```

- /root/testnet/crypto-config/peerOrganizations/org0/users/Admin@org0/fabric-ca-client-config.yaml

```
 1    ###########################################################################
 2    #   This is a configuration file for the fabric-ca-client command.
 3    #
 4    #   COMMAND LINE ARGUMENTS AND ENVIRONMENT VARIABLES
 5    #   ------------------------------------------------
 6    #   Each configuration element can be overridden via command line
 7    #   arguments or environment variables.  The precedence for determining
 8    #   the value of each element is as follows:
 9    #   1) command line argument
10    #      Examples:
11    #      a) --url https://localhost:7054
12    #         To set the fabric-ca server url
```

```
13  #      b) --tls.client.certfile certfile.pem
14  #         To set the client certificate for TLS
15  #   2) environment variable
16  #      Examples:
17  #      a) FABRIC_CA_CLIENT_URL=https://localhost:7054
18  #         To set the fabric-ca server url
19  #      b) FABRIC_CA_CLIENT_TLS_CLIENT_CERTFILE=certfile.pem
20  #         To set the client certificate for TLS
21  #   3) configuration file
22  #   4) default value (if there is one)
23  #      All default values are shown beside each element below.
24  #
25  #   FILE NAME ELEMENTS
26  #   ------------------
27  #   The value of all fields whose name ends with "file" or "files" are
28  #   name or names of other files.
29  #   For example, see "tls.certfiles" and "tls.client.certfile".
30  #   The value of each of these fields can be a simple filename, a
31  #   relative path, or an absolute path.  If the value is not an
32  #   absolute path, it is interpretted as being relative to the location
33  #   of this configuration file.
34  #
35  #############################################################################
36
37  #############################################################################
38  # Client Configuration
39  #############################################################################
40
41  # URL of the Fabric-ca-server (default: http://localhost:7054)
42  url: http://10.0.1.100:7054
43
44  # Membership Service Provider (MSP) directory
45  # This is useful when the client is used to enroll a peer or orderer, so
46  # that the enrollment artifacts are stored in the format expected by MSP.
47  mspdir: msp
48
49  #############################################################################
50  #      TLS section for secure socket connection
51  #
52  #   certfiles - PEM-encoded list of trusted root certificate files
53  #   client:
54  #     certfile - PEM-encoded certificate file for when client authentication
55  #     is enabled on server
56  #     keyfile - PEM-encoded key file for when client authentication
57  #     is enabled on server
```

```
58  ############################################################################
59  tls:
60    # TLS section for secure socket connection
61    certfiles:
62    client:
63      certfile:
64      keyfile:
65
66  ############################################################################
67  # Certificate Signing Request section for generating the CSR for an
68  # enrollment certificate (ECert)
69  #
70  # cn - Used by CAs to determine which domain the certificate is to be ⤶
    generated for
71  #
72  # serialnumber - The serialnumber field, if specified, becomes part of ⤶
    the issued
73  #     certificate's DN (Distinguished Name).  For example, one use case ⤶
    for this is
74  #     a company with its own CA (Certificate Authority) which issues ⤶
    certificates
75  #     to its employees and wants to include the employee's serial ⤶
    number in the DN
76  #     of its issued certificates.
77  #     WARNING: The serialnumber field should not be confused with the ⤶
    certificate's
78  #     serial number which is set by the CA but is not a component of the
79  #     certificate's DN.
80  #
81  # names - A list of name objects. Each name object should contain at ⤶
    least one
82  #     "C", "L", "O", or "ST" value (or any combination of these) where these
83  #     are abbreviations for the following:
84  #         "C": country
85  #         "L": locality or municipality (such as city or town name)
86  #         "O": organization
87  #         "OU": organizational unit, such as the department responsible ⤶
    for owning the key;
88  #          it can also be used for a "Doing Business As" (DBS) name
89  #         "ST": the state or province
90  #
91  #     Note that the "OU" or organizational units of an ECert are always ⤶
    set according
92  #     to the values of the identities type and affiliation. OUs are ⤶
    calculated for an enroll
```

```
 93  #    as OU=<type>, OU=<affiliationRoot>, ..., OU=<affiliationLeaf>. ⤶
     For example, an identity
 94  #    of type "client" with an affiliation of "org1.dept2.team3" would ⤶
     have the following
 95  #    organizational units: OU=client, OU=org1, OU=dept2, OU=team3
 96  #
 97  #  hosts - A list of host names for which the certificate should be valid
 98  #
 99  ###########################################################################
100  csr:
101    cn: Admin@org0
102    serialnumber:
103    names:
104      - C: US
105        ST: North Carolina
106        L:
107        O: Hyperledger
108        OU: Fabric
109    hosts:
110      - ADMIN-ORG0
111
112  ###########################################################################
113  #  Registration section used to register a new identity with fabric-ca ⤶
     server
114  #
115  #  name - Unique name of the identity
116  #  type - Type of identity being registered (e.g. 'peer, app, user')
117  #  affiliation - The identity's affiliation
118  #  maxenrollments - The maximum number of times the secret can be ⤶
     reused to enroll.
119  #                  Specially, -1 means unlimited; 0 means to use CA's ⤶
     max enrollment
120  #                  value.
121  #  attributes - List of name/value pairs of attribute for identity
122  ###########################################################################
123  id:
124    name:
125    type:
126    affiliation:
127    maxenrollments: 0
128    attributes:
129    # - name:
130    #   value:
131
132  ###########################################################################
```

```
133  #  Enrollment section used to enroll an identity with fabric-ca server
134  #
135  #  profile - Name of the signing profile to use in issuing the certificate
136  #  label - Label to use in HSM operations
137  ############################################################################
138  enrollment:
139    profile:
140    label:
141
142  ############################################################################
143  # Name of the CA to connect to within the fabric-ca server
144  ############################################################################
145  caname:
146
147  ############################################################################
148  # BCCSP (BlockChain Crypto Service Provider) section allows to select which
149  # crypto implementation library to use
150  ############################################################################
151  bccsp:
152     default: SW
153     sw:
154        hash: SHA2
155        security: 256
156        filekeystore:
157           # The directory used for the software file-based keystore
158            keystore: msp/keystore
```

먼저, peer0 조직의 운영자 계정 생성을 위해 123~130번째 줄을 다음과 같이 수정해
줍니다.

- /root/testnet/crypto-config/peerOrganizations/org0/users/Admin@org0/fabric-ca-client-config.yaml 파일 123~130번째 줄을 다음과 같이 수정(admin@org0 노드에서 실행)

```
1  id:
2    name: peer0
3    type: peer
4    affiliation: org0
5    maxenrollments: 0
6    attributes:
7      - name: role
8        value: peer
9        ecert: true
```

위의 코드는 org0 조직에 peer0이라는 이름의 peer 계정을 생성을 의미입니다. 수정한 내용을 바탕으로 peer0 계정을 생성하겠습니다. –H 옵션을 이용하여 위의 수정한 내용이 반영된 fabric-ca-client-config.yaml 파일이 있는 경로를 지정해 줍니다.

- peer0 계정 생성(admin@org0 노드에서 실행)

```
root@ADMIN-ORG0:~# fabric-ca-client register --id.secret=peer0password -H /⤸
root/testnet/crypto-config/peerOrganizations/org0/users/Admin@org0/
```

다음으로, 위의 코드의 2번째 줄에 peer0를 peer1로 변경하여 peer1 노드를 위한 계정도 생성해 줍니다.

- peer1 계정 생성(admin@org0 노드에서 실행)

```
root@ADMIN-ORG0:~# gedit /root/testnet/crypto-config/peerOrganizations/org0/⤸
users/Admin@org0/fabric-ca-client-config.yaml
2번째 줄(fabric-ca-client-config.yaml 파일의 124번째 줄)의 peer0를 peer1로 변경
root@ADMIN-ORG0:~# fabric-ca-client register --id.secret=peer1password -H /⤸
root/testnet/crypto-config/peerOrganizations/org0/users/Admin@org0/
```

org1 조직의 peer도 위와 마찬가지로 peer2와 peer3 계정을 생성해 줍니다.

- peer2 계정 생성 (admin@org1 노드에서 실행)

```
root@ADMIN-ORG1:~# gedit /root/testnet/crypto-config/peerOrganizations/org1/⤸
users/Admin@org1/fabric-ca-client-config.yaml
```

- /root/testnet/crypto-config/peerOrganizations/org1/users/Admin@org1/fabric-ca-client-config.yaml 파일 123~130번째 줄을 다음과 같이 수정(admin@org1 노드에서 실행)

```
1   id:
2     name: peer2
3     type: peer
4     affiliation: org1
5     maxenrollments: 0
6     attributes:
7       - name: role
8         value: peer
9         ecert: true
```

다음으로, peer2 노드의 계정을 생성하겠습니다.

- peer2 계정 생성(admin@org1 노드에서 실행)

```
root@ADMIN-ORG1:~# fabric-ca-client register --id.secret=peer2password -H / ⏎
root/testnet/crypto-config/peerOrganizations/org1/users/Admin@org1/
```

다음으로, 위의 코드의 2번째 줄 peer2를 peer3로 변경하여 peer3 노드를 위한 계정도
생성해 줍니다.

- peer3 계정 생성(admin@org1 노드에서 실행)

```
root@ADMIN-ORG1:~# gedit /root/testnet/crypto-config/peerOrganizations/org1/ ⏎
users/Admin@org1/fabric-ca-client-config.yaml
2번째 줄(fabric-ca-client-config.yaml 파일의 124번째 줄)의 peer2를 peer3로 변경
root@ADMIN-ORG1:~# fabric-ca-client register --id.secret=peer3password -H / ⏎
root/testnet/crypto-config/peerOrganizations/org1/users/Admin@org1/
```

같은 방식으로 orderer 노드의 계정도 생성해 줍니다.

- orderer0 계정 생성(admin@ordererorg0 노드에서 실행)

```
root@ADMIN-ORDERERORG0:~# gedit /root/testnet/crypto-config/ ⏎
ordererOrganizations/ordererorg0/users/Admin@ordererorg0/fabric-ca-client- ⏎
config.yaml
```

- /root/testnet/crypto-config/ordererOrganizations/ordererorg0/users/Admin@ordererorg0/
  fabric-ca-client-config.yam 파일 123~130번째 줄을 다음과 같이 수정(admin@ordererorg0 노드
  에서 실행)

```
1    id:
2      name: orderer0
3      type: orderer
4      affiliation: ordererorg0
5      maxenrollments: 0
6      attributes:
7        - name: role
8          value: orderer
9          ecert: true
```

다음으로, orderer0 노드의 계정을 생성하겠습니다.

● orderer0 계정 생성(admin@ordererorg0 노드에서 실행)

```
root@ADMIN-ORDERERORG0:~# fabric-ca-client register --id. ⬎
secret=orderer0password -H /root/testnet/crypto-config/ordererOrganizations/ ⬎
ordererorg0/users/Admin@ordererorg0/
```

모든 peer와 orderer 노드의 계정 생성을 마쳤다면 다음으로 각각의 peer와 orderer 노
드에서 enroll 명령어를 이용해 peer와 orderer의 MSP를 생성합니다.

● peer0 MSP 생성(peer0 노드에서 실행)

```
root@PEER0:~# mkdir -p /root/testnet/crypto-config/peerOrganizations/org0/ ⬎
peers/peer0.org0/
root@PEER0:~# fabric-ca-client enroll -u http://peer0:peer0passwo ⬎
rd@10.0.1.100:7054 -H /root/testnet/crypto-config/peerOrganizations/org0/ ⬎
peers/peer0.org0/
root@PEER0:~# mv /root/testnet/crypto-config/peerOrganizations/org0/peers/ ⬎
peer0.org0/msp/cacerts/10-0-1-100-7054.pem  /root/testnet/crypto-config/ ⬎
peerOrganizations/org0/peers/peer0.org0/msp/cacerts/ca.crt
root@PEER0:~# mv /root/testnet/crypto-config/peerOrganizations/org0/peers/ ⬎
peer0.org0/msp/keystore/개인키 /root/testnet/crypto-config/peerOrganizations/ ⬎
org0/peers/peer0.org0/msp/keystore/server.key
```

● peer1 MSP 생성(peer1 노드에서 실행)

```
root@PEER1:~# mkdir -p /root/testnet/crypto-config/peerOrganizations/org0/ ⬎
peers/peer1.org0/
root@PEER1:~# fabric-ca-client enroll -u http://peer1:peer1password ⬎
@10.0.1.100:7054 -H /root/testnet/crypto-config/peerOrganizations/org0/ ⬎
peers/peer1.org0/
root@PEER1:~# mv /root/testnet/crypto-config/peerOrganizations/org0/peers/ ⬎
peer1.org0/msp/cacerts/10-0-1-100-7054.pem /root/testnet/crypto-config/ ⬎
peerOrganizations/org0/peers/peer1.org0/msp/cacerts/ca.crt
root@PEER1:~# mv /root/testnet/crypto-config/peerOrganizations/org0/peers/ ⬎
peer1.org0/msp/keystore/개인키 /root/testnet/crypto-config/peerOrganizations/ ⬎
org0/peers/peer1.org0/msp/keystore/server.key
```

- peer2 MSP 생성(peer2 노드에서 실행)

```
root@PEER2:~# mkdir -p /root/testnet/crypto-config/peerOrganizations/org1/ ⏎
peers/peer2.org1/
root@PEER2:~# fabric-ca-client enroll -u http://peer2:peer2passwo ⏎
rd@10.0.1.100:7054 -H /root/testnet/crypto-config/peerOrganizations/org1/ ⏎
peers/peer2.org1/
root@PEER2:~# mv /root/testnet/crypto-config/peerOrganizations/org1/peers/ ⏎
peer2.org1/msp/cacerts/10-0-1-100-7054.pem /root/testnet/crypto-config/ ⏎
peerOrganizations/org1/peers/peer2.org1/msp/cacerts/ca.crt
root@PEER2:~# mv /root/testnet/crypto-config/peerOrganizations/org1/peers/ ⏎
peer2.org1/msp/keystore/개인키 /root/testnet/crypto-config/peerOrganizations/ ⏎
org1/peers/peer2.org1/msp/keystore/server.key
```

- peer3 MSP 생성(peer3 노드에서 실행)

```
root@PEER3:~# mkdir -p /root/testnet/crypto-config/peerOrganizations/org1/ ⏎
peers/peer3.org1/
root@PEER3:~# fabric-ca-client enroll -u http://peer3:peer3passwo ⏎
rd@10.0.1.100:7054 -H /root/testnet/crypto-config/peerOrganizations/org1/ ⏎
peers/peer3.org1/
root@PEER3:~# mv /root/testnet/crypto-config/peerOrganizations/org1/peers/ ⏎
peer3.org1/msp/cacerts/10-0-1-100-7054.pem /root/testnet/crypto-config/ ⏎
peerOrganizations/org1/peers/peer3.org1/msp/cacerts/ca.crt
root@PEER3:~# mv /root/testnet/crypto-config/peerOrganizations/org1/peers/ ⏎
peer3.org1/msp/keystore/개인키 /root/testnet/crypto-config/peerOrganizations/ ⏎
org1/peers/peer3.org1/msp/keystore/server.key
```

- orderer0 MSP 생성(orderer0 노드에서 실행)

```
root@ORDERER0:~# mkdir -p /root/testnet/crypto-config/ordererOrganizations/ ⏎
ordererorg0/orderers/orderer0.ordererorg0
root@ORDERER0:~# fabric-ca-client enroll -u http://orderer0:orderer0passw ⏎
ord@10.0.1.100:7054 -H /root/testnet/crypto-config/ordererOrganizations/ ⏎
ordererorg0/orderers/orderer0.ordererorg0
root@ORDERER0:~# mv /root/testnet/crypto-config/ordererOrganizations/ ⏎
ordererorg0/orderers/orderer0.ordererorg0/msp/cacerts/10-0-1-100-7054.pem / ⏎
root/testnet/crypto-config/ordererOrganizations/ordererorg0/orderers/ ⏎
orderer0.ordererorg0/msp/cacerts/ca.crt
root@ORDERER0:~# mv /root/testnet/crypto-config/ordererOrganizations/ ⏎
ordererorg0/orderers/orderer0.ordererorg0/msp/keystore/개인키 /root/testnet/ ⏎
crypto-config/ordererOrganizations/ordererorg0/orderers/orderer0.ordererorg0/ ⏎
msp/keystore/server.key
```

3.3.6 Orderer 구동

3.2절에서는 peer를 먼저 구동하였지만, 이번 절에서는 orderer를 먼저 구동해 보겠습니다. 먼저, genesis.block과 채널 생성을 위해 3.2절과 동일한 /root/testnet/configtx.yaml 파일을 생성합니다.

● configtx.yaml 파일 생성(admin@ordererorg0 노드에서 실행)

```
root@ADMIN-ORDERERORG0:~/testnet# gedit /root/testnet/configtx.yaml
3.2.3절과 동일한 configtx.yaml 파일 입력
```

다음으로, genesis.block 생성 시 컨소시엄 정보를 추가하기 위해서 org0, org1, ordererorg0의 공개키를 복사해 옵니다. 각 조직 운영자 노드의 Admin@org0-cert.pem과 Admin@org1-cert.pem 파일을 admin@ordererorg0 노드로 복사합니다. 최종적으로 admin@ordererorg0의 crypto-config 디렉터리와 파일 구조는 다음의 tree와 같은 형태가 되어야만 합니다.

● admin@ordererorg0 노드의 crypto-config 디렉터리 구조(admin@ordererorg0 노드에서 실행)

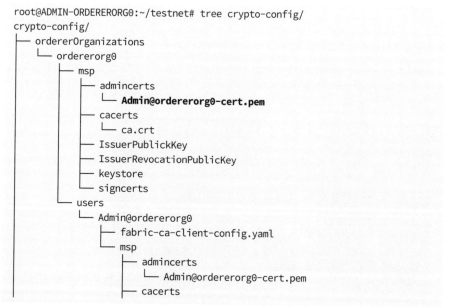

```
root@ADMIN-ORDERERORG0:~/testnet# tree crypto-config/
crypto-config/
├── ordererOrganizations
│   └── ordererorg0
│       ├── msp
│       │   ├── admincerts
│       │   │   └── Admin@ordererorg0-cert.pem
│       │   ├── cacerts
│       │   │   └── ca.crt
│       │   ├── IssuerPublicKey
│       │   ├── IssuerRevocationPublicKey
│       │   ├── keystore
│       │   └── signcerts
│       └── users
│           └── Admin@ordererorg0
│               ├── fabric-ca-client-config.yaml
│               └── msp
│                   ├── admincerts
│                   │   └── Admin@ordererorg0-cert.pem
│                   ├── cacerts
```

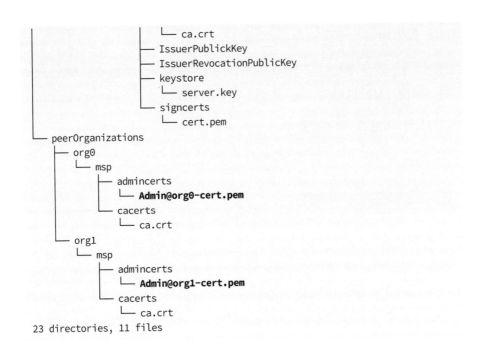

```
                          └── ca.crt
                    ├── IssuerPublickKey
                    ├── IssuerRevocationPublicKey
                    ├── keystore
                    │   └── server.key
                    ├── signcerts
                    │       └── cert.pem
    ├── peerOrganizations
    │   ├── org0
    │   │   └── msp
    │   │       ├── admincerts
    │   │       │   └── Admin@org0-cert.pem
    │   │       └── cacerts
    │   │           └── ca.crt
    │   └── org1
    │       └── msp
    │           ├── admincerts
    │           │   └── Admin@org1-cert.pem
    │           └── cacerts
    │               └── ca.crt
    23 directories, 11 files
```

모든 조직의 공개키가 준비되었다면 /root/testnet 디렉터리에서 genesis.block 파일을 생성하겠습니다.

- genesis.block 파일 생성(admin@ordererorg0 노드에서 실행)

```
root@ADMIN-ORDERERORG0:~/testnet# configtxgen -profile TwoOrgsOrdererGenesis ↲
-outputBlock genesis.block
```

다음으로, orderer0 노드를 구동하기에 앞서 Kafka-Zookeeper 노드를 구동하겠습니다.
3.2절과 같은 방법으로 Kafka-Zookeeper 노드를 구동하겠습니다.

- Kafka-Zookeeper 구동(Kafka-Zookeeper 노드에서 실행)

```
root@KAFKA-ZOOKEEPER:~# mkdir /root/testnet
root@KAFKA-ZOOKEEPER:~# cd testnet/
root@KAFKA-ZOOKEEPER:~/testnet# gedit docker-compose.yaml
3.2.7절과 docker-compose.yaml 파일 입력
root@KAFKA-ZOOKEEPER:~/testnet# docker-compose up
```

마지막으로, orderer0 노드를 구동하겠습니다. orderer0 노드를 구동하기 위해 admin@ordererorg0 노드에서 생성한 genesis.block 파일을 orderer0 노드로 전송하겠습니다.

● orderer0 구동에 필요한 genesis.block 파일 전송(admin@ordererorg0 노드에서 실행)

```
root@ADMIN-ORDERERORG0:~/testnet# scp genesis.block login_id@orderer0:/↵
home/fabric
```

● 전송받은 genesis.block 파일을 orderer0 구동에 필요한 위치로 이동(orderer0 노드에서 실행)

```
root@ORDERER0:~# mv /home/fabric/genesis.block /root/testnet/crypto-config/↵
ordererOrganizations/ordererorg0/orderers/orderer0.ordererorg0/genesis.block
```

다음으로, TLS 통신을 위한 디지털 인증서가 저장되는 디렉터리를 생성하겠습니다. 설정의 편의를 위해 TLS 디지털 인증서는 기존 MSP의 인증서를 그대로 복사한 후 이름만 변경해서 사용하겠습니다. 최종적으로 orderer0 노드의 crypto-config 디렉터리와 파일 구조는 다음의 tree 형태를 따라야 합니다.

> **NOTE**
>
> 아래 tls 디렉터리의 server.crt는 signcert 디렉터리의 cert.pem 파일과 동일합니다.

● orderer0 노드의 crypto-config 디렉터리 구조(orderer0 노드에서 실행)

```
crypto-config
    ├── ordererOrganizations
    │   └── ordererorg0
    │       └── orderers
    │           └── orderer0.ordererorg0
    │               ├── fabric-ca-client-config.yaml
    │               ├── genesis.block
    │               ├── msp
    │               │   ├── admincerts
    │               │   │   └── Admin@ordererorg0-cert.pem
    │               │   ├── cacerts
    │               │   ├── IssuerPublicKey
    │               │   ├── IssuerRevocationPublicKey
    │               │   │   └── ca.crt
```

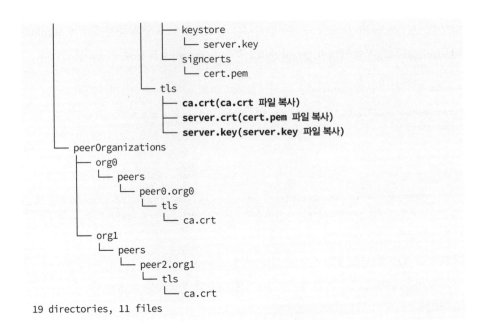

```
                                 ├── keystore
                                 │   └── server.key
                                 └── signcerts
                                     └── cert.pem
                         └── tls
                             ├── ca.crt(ca.crt 파일 복사)
                             ├── server.crt(cert.pem 파일 복사)
                             └── server.key(server.key 파일 복사)
        └── peerOrganizations
            ├── org0
            │   └── peers
            │       └── peer0.org0
            │           └── tls
            │               └── ca.crt
            └── org1
                └── peers
                    └── peer2.org1
                        └── tls
                            └── ca.crt

19 directories, 11 files
```

마지막으로, runorderer0.sh 스크립트를 생성한 후 orderer0 노드를 구동하겠습니다.

● runorderer0.sh 스크립트 생성 후 orderer0 구동(orderer0 노드에서 실행)

```
root@ORDERER0:~# cd /root/testnet
root@ORDERER0:~ /testnet # gedit runOrderer0.sh
3.2.8절과 동일한 runOrderer0.sh 파일 입력
root@ORDERER0:~ /testnet # chmod 777 runOrderer0.sh
root@ORDERER0:~ /testnet # ./runOrderer0.sh
```

3.3.7 Peer 구동

peer도 orderer와 마찬가지로 TLS 통신을 위한 디지털 인증서가 저장되는 디렉터리를
생성한 후 기존의 인증서를 TLS 통신용으로 사용하겠습니다. 최종적으로 peer0 노드
의 crypto-config 디렉터리와 파일 구조는 다음의 tree와 같은 형태가 되어야만 합니다.

- peer0 노드의 crypto-config 디렉터리 구조(peer0 노드에서 실행)

```
root@PEER0:~# tree testnet/
testnet/
└── crypto-config
    └── peerOrganizations
        └── org0
            └── peers
                └── peer0.org0
                    ├── fabric-ca-client-config.yaml
                    ├── msp
                    │   ├── admincerts
                    │   │   └── Admin@org0-cert.pem(peer2~3은 org1 조직의 공개키 사용)
                    │   ├── cacerts
                    │   │   └── ca.crt
                    │   ├── keystore
                    │   │   └── server.key
                    │   └── signcerts
                    │       └── cert.pem
                    └── tls
                        ├── ca.crt(ca.crt 파일 복사)
                        ├── server.crt(cert.pem 파일 복사)
                        └── server.key(server.key 파일 복사)
11 directories, 8 files
```

다음으로, runPeer0.sh 스크립트를 생성한 후 peer0 노드를 구동하겠습니다.

- peer0.sh 스크립트 생성 후 peer0 구동(peer0 노드에서 실행)

```
root@PEER0:~# cd $FABRIC_HOME
root@PEER0:~/gopath/src/github.com/hyperledger/fabric# gedit runPeer0.sh
3.2.6절과 동일한 runpeer0.sh 파일 입력
root@PEER0:~/gopath/src/github.com/hyperledger/fabric# chmod 777 runPeer0.sh
root@PEER0:~/gopath/src/github.com/hyperledger/fabric# ./runPeer0.sh
```

동일한 작업을 수행한 후 peer1~3도 구동시켜 줍니다(peer2~3 노드에는 org1 조직 운영자의 공개키(Admin@org1-cert.pem)를 사용해야 합니다).

3.3.8 채널 생성

채널은 admin@org0 노드에서 생성하겠습니다. 채널 생성을 위해 admin@ordererorg0 노드에서 ch1.tx를 생성한 후 admin@org0 노드로 전송하겠습니다.

● ch1.tx 생성 후 admin@org0 노드로 전송(admin@ordererorg0 노드에서 실행)

```
root@ADMIN-ORDERERORG0:~/testnet# configtxgen -profile TwoOrgsChannel ↵
-outputCreateChannelTx ch1.tx -channelID ch1
root@ADMIN-ORDERERORG0:~/testnet# scp ch1.tx login_id@10.0.1.13:/home/fabric
```

ch1.tx를 이용해 admin@org0 노드에서 채널을 생성하겠습니다.

● 채널 생성(admin@org0 노드에서 실행)

```
root@ADMIN-ORG0:~/testnet# mv /home/fabric/ch1.tx /root/testnet/
root@ADMIN-ORG0:~/testnet# gedit create-channel.sh
3.2.9절과 동일한 create-channel.sh 파일 입력
root@ADMIN-ORG0:~/testnet# chmod 777 create-channel.sh
root@ADMIN-ORG0:~/testnet# ./create-channel.sh
root@ADMIN-ORG0:~/testnet# scp ch1.block fabric@10.0.1.23:/home/fabric
```

3.3.9 Peer의 채널 참여

다음으로, peer들을 채널에 참여시키겠습니다. peer0~1은 admin@org0 노드에서 참여시키고, peer2~3은 admin@org1 노드에서 참여시키도록 하겠습니다.

● peer0~1 채널 참여(admin@org0 노드에서 실행)

```
root@ADMIN-ORG0:~/testnet# gedit peer0-join.sh
3.2.10절과 동일한 peer0-join.sh 파일 입력
root@ADMIN-ORG0:~/testnet# chmod 777 peer0-join.sh
root@ADMIN-ORG0:~/testnet# gedit peer1-join.sh
3.2.10절과 동일한 peer1-join.sh 파일 입력
root@ADMIN-ORG0:~/testnet# chmod 777 peer1-join.sh
root@ADMIN-ORG0:~/testnet# ./peer0-join.sh
root@ADMIN-ORG0:~/testnet# ./peer1-join.sh
```

- peer2~3 채널 참여(admin@org1 노드에서 실행)

```
root@ADMIN-ORG1:~/testnet# mv /home/fabric/ch1.block /root/testnet/
root@ADMIN-ORG1:~/testnet# gedit peer2-join.sh
3.2.10절과 동일한 peer2-join.sh 파일 입력
root@ADMIN-ORG1:~/testnet# chmod 777 peer2-join.sh
root@ADMIN-ORG1:~/testnet# gedit peer3-join.sh
3.2.10절과 동일한 peer3-join.sh 파일 입력
root@ADMIN-ORG1:~/testnet# chmod 777 peer3-join.sh
root@ADMIN-ORG1:~/testnet# ./peer2-join.sh
root@ADMIN-ORG1:~/testnet# ./peer3-join.sh
```

3.3.10 Anchor peer 업데이트

다음으로, Anchor peer를 업데이트하겠습니다. Anchor peer 업데이트도 마찬가지로 Anchor peer 설정 트랜잭션을 admin@ordererorg0 노드에서 생성한 후에 admin@org0 과 admin@org1 노드로 전송하여 각 조직의 Anchor peer 업데이트를 수행하겠습니다.

- Anchor peer 업데이트 트랜잭션 생성(admin@ordererorg0 노드에서 실행)

```
root@ADMIN-ORDERERORG0:~/testnet# configtxgen -profile TwoOrgsChannel ⏎
-outputAnchorPeersUpdate Org0MSPanchors.tx -channelID ch1 -asOrg Org0MSP
root@ADMIN-ORDERERORG0:~/testnet# configtxgen -profile TwoOrgsChannel ⏎
-outputAnchorPeersUpdate Org1MSPanchors.tx -channelID ch1 -asOrg Org1MSP
root@ADMIN-ORDERERORG0:~/testnet# scp Org0MSPanchors.tx login_id@10.0.1.13:/ ⏎
home/fabric
root@ADMIN-ORDERERORG0:~/testnet# scp Org1MSPanchors.tx login_id@10.0.1.23:/ ⏎
home/fabric
```

- Org0 Anchor peer 업데이트(admin@org0 노드에서 실행)

```
root@ADMIN-ORG0:~/testnet# mv /home/fabric/Org0MSPanchors.tx /root/testnet
root@ADMIN-ORG0:~/testnet# gedit org0-anchor.sh
3.2.11절과 동일한 org0-anchor.sh 파일 입력
root@ADMIN-ORG0:~/testnet# chmod 777 org0-anchor.sh
root@ADMIN-ORG0:~/testnet# ./org0-anchor.sh
```

- Org1 Anchor peer 업데이트(admin@org1 노드에서 실행)

```
root@ADMIN-ORG1:~/testnet# mv /home/fabric/Org1MSPanchors.tx /root/testnet
root@ADMIN-ORG1:~/testnet# gedit org1-anchor.sh
3.2.11절과 동일한 org1-anchor.sh 파일 입력
root@ADMIN-ORG1:~/testnet# chmod 777 org1-anchor.sh
root@ADMIN-ORG1:~/testnet# ./org1-anchor.sh
```

3.3.11 체인코드 설치

다음으로, 각 조직의 peer에 체인코드를 설치해 보겠습니다. admin@org0 노드에서
peer0~1 노드에 체인코드를 설치하고, admin@org1 노드에서 peer2~3 노드에 체인코
드를 설치하겠습니다.

- peer0~1 노드에 체인코드 설치 및 확인(admin@org0 노드에서 실행)

```
root@ADMIN-ORG0:~/testnet# gedit installCCpeer0.sh
3.2.12절과 동일한 installCCpeer0.sh 파일 입력
root@ADMIN-ORG0:~/testnet# chmod 777 installCCpeer0.sh
root@ADMIN-ORG0:~/testnet# ./installCCpeer0.sh
root@ADMIN-ORG0:~/testnet# gedit installCCpeer1.sh
3.2.12절과 동일한 installCCpeer1.sh 파일 입력
root@ADMIN-ORG0:~/testnet# chmod 777 installCCpeer1.sh
root@ADMIN-ORG0:~/testnet# ./installCCpeer1.sh
root@ADMIN-ORG0:~/testnet# gedit installedCClist.sh
3.2.12절과 동일한 installedCClist.sh 파일 입력
root@ADMIN-ORG0:~/testnet# chmod 777 installedCClist.sh
root@ADMIN-ORG0:~/testnet# ./installedCClist.sh
```

- peer2~3 노드에 체인코드 설치(admin@org1 노드에서 실행)

```
root@ADMIN-ORG1:~/testnet# gedit installCCpeer2.sh
3.2.12절과 동일한 installCCpeer2.sh 파일 입력
root@ADMIN-ORG1:~/testnet# chmod 777 installCCpeer2.sh
root@ADMIN-ORG1:~/testnet# ./installCCpeer2.sh
root@ADMIN-ORG1:~/testnet# gedit installCCpeer3.sh
3.2.12절과 동일한 installCCpeer3.sh 파일 입력
root@ADMIN-ORG1:~/testnet# chmod 777 installCCpeer3.sh
root@ADMIN-ORG1:~/testnet# ./installCCpeer3.sh
root@ADMIN-ORG1:~/testnet# gedit installedCClist.sh
```

```
3.2.12절과 동일한 installedCClist.sh 파일 입력(필요 시 peer 노드 주소 변경)
root@ADMIN-ORG1:~/testnet# chmod 777 installedCClist.sh
root@ADMIN-ORG1:~/testnet# ./installedCClist.sh
```

3.3.12 체인코드 인스턴스 생성

이번에는 체인코드 실행을 위한 인스턴스를 생성하겠습니다. 체인코드 인스턴스 생성
은 각 조직의 운영자 노드 중 한 곳에서만 실행하면 됩니다. 예제에서는 adnin@org0
노드에서 체인코드 인스턴스를 생성하겠습니다.

● 체인코드 인스턴스 생성 및 확인(admin@org0 노드에서 실행)

```
root@ADMIN-ORG0:~/testnet# gedit instantiateCC.sh
3.2.13절과 동일한 instantiateCC.sh 파일 입력
root@ADMIN-ORG0:~/testnet# chmod 777 instantiateCC.sh
root@ADMIN-ORG0:~/testnet# ./instantiateCC.sh
root@ADMIN-ORG0:~/testnet# gedit instantiatedCClist.sh
3.2.13절과 동일한 instantiateCC.sh 파일 입력
root@ADMIN-ORG0:~/testnet# chmod 777 instantiatedCClist.sh
root@ADMIN-ORG0:~/testnet# ./instantiatedCClist.sh
```

이것으로 체인코드 실행을 위한 모든 준비가 완료되었습니다.

3.3.13 분산원장의 데이터 읽기

체인코드의 인스턴스화까지 완료했으니 다음으로 체인코드를 이용하여 각 조직의 운영
자 노드에서 분산원장의 데이터를 읽어보겠습니다. 먼저, org0 운영자 노드에서 데이터
를 읽어보겠습니다.

● org0 운영자 노드에서 데이터를 읽어오는 스크립트(admin@org0 노드에서 실행)

```
root@ADMIN-ORG0:~/testnet# gedit query.sh
3.2.14절과 동일한 query.sh 파일 입력(b의 데이터를 읽어오는 스크립트)
```

- query.sh 권한 변경 후 실행(admin@org0 노드에서 실행)

```
root@ADMIN-ORG0:~/testnet# chmod 777 query.sh
root@ADMIN-ORG0:~/testnet# ./query.sh
200
2018-09-03 09:49:07.380 KST [main] main -> INFO 003 Exiting.....
```

b의 데이터 결괏값을 읽어온 것을 확인할 수 있습니다. 다음으로, org1 운영자 노드에서 데이터를 읽어보겠습니다.

- org1 운영자 노드에서 데이터를 읽어오는 스크립트(admin@org1 노드에서 실행)

```
root@ADMIN-ORG1:~/testnet# gedit query.sh
```

org1 운영자 노드에는 org1의 MSP와 peer2를 이용해서 데이터를 읽어오는 스크립트를 작성하겠습니다.

- /root/testnet/query.sh

```
export CORE_PEER_LOCALMSPID="Org1MSP"
export CORE_PEER_MSPCONFIGPATH=/root/testnet/crypto-config/peerOrganizations/↲
org1/users/Admin@org1/msp
export CORE_PEER_ADDRESS=peer2:7051
peer chaincode query -C ch1 -n testnetCC -c '{"Args":["query","b"]}'
```

- org1 운영자 노드에서 결괏값 확인(admin@org1 노드에서 실행)

```
root@ADMIN-ORG1:~/testnet# ./query.sh
200
2018-09-03 10:03:55.510 KST [main] main -> INFO 003 Exiting.....
```

마찬가지로, b의 데이터 결괏값을 읽어온 것을 확인할 수 있습니다.

3.3.14 분산원장에 데이터 기록

다음으로, 분산원장에 데이터를 수정(기록)하는 작업을 수행해 보겠습니다. 체인코드의 invoke 함수를 통해 a의 값 중 20을 b로 나눠주는 작업을 수행하겠습니다. 즉, 분산원장에 a의 데이터는 100에서 80으로, b의 데이터는 200에서 220으로 변경되어 저장됩니다. 먼저, org0 운영자 노드에서 데이터를 수정해 보겠습니다.

- org0 노드에서 분산원장의 a와 b의 데이터를 변경하는 스크립트 생성(admin@org0 노드에서 실행)

```
root@ADMIN-ORG0:~/testnet# gedit invoke.sh
3.2.15절과 동일한 invoke.sh 파일 입력
```

- invoke.sh 권한 변경 후 실행(admin@org0 노드에서 실행)

```
root@ADMIN-ORG0:~/testnet# chmod 777 invoke.sh
root@ADMIN-ORG0:~/testnet# ./invoke.sh
```

- invoke.sh 실행 후 바뀐 b의 결괏값 확인(admin@org0 노드에서 실행)

```
root@ADMIN-ORG0:~/testnet# ./query.sh
220
2018-09-03 10:12:14.222 KST [main] main -> INFO 003 Exiting.....
```

org1 운영자 노드에는 org1의 MSP와 peer2를 이용해서 데이터를 수정하는 스크립트를 작성하겠습니다. 이번에는 a의 값 중 30을 b로 넘겨주는 스크립트를 작성해 보겠습니다.

- org1 노드에서 분산원장의 a와 b의 데이터를 변경하는 스크립트 생성(admin@org1 노드에서 실행)

```
root@ADMIN-ORG1:~/testnet# gedit invoke.sh
```

- /root/testnet/invoke.sh

```
export CORE_PEER_LOCALMSPID="Org1MSP"
export CORE_PEER_MSPCONFIGPATH=/root/testnet/crypto-config/peerOrganizations/⤶
org1/users/Admin@org1/msp
export CORE_PEER_ADDRESS=peer2:7051
```

```
peer chaincode invoke -o orderer0:7050 -C ch1 -n testnetCC -c '⤶
{"Args":["invoke","a","b","30"]}'
```

- invoke.sh 권한 변경 후 실행(admin@org1 노드에서 실행)

```
root@ADMIN-ORG1:~/testnet# chmod 777 invoke.sh
root@ADMIN-ORG1:~/testnet# ./invoke.sh
```

- invoke.sh 실행 후 바뀐 b의 결괏값 확인(admin@org1 노드에서 실행)

```
root@ADMIN-ORG1:~/testnet# ./query.sh
250
2018-09-03 10:28:14.373 KST [main] main -> INFO 003 Exiting.....
```

3.4 Intermedia CA 운영

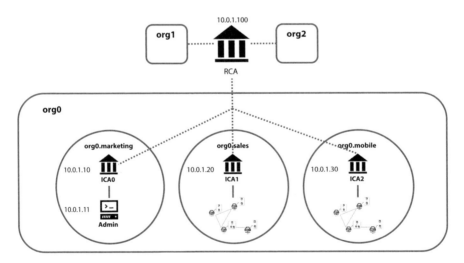

- Intermediate CA 네트워크 구성도

2.1.10 'MSP' 절에서 Intermediate CA를 이용하여 하이퍼레저 패브릭 네트워크를 구축할 수 있다고 설명하였습니다. 이번 절에서는 **Root CA(RCA)**와 **Intermediate CA(ICA)** 3대를 이용하여 하이퍼레저 패브릭 네트워크를 구축해 보겠습니다. org0~org2 3개의 조직을 생성한 후 org0 내에 org0.marketing, org0.sales, org0.mobile 조직의 ICA를 구동하고, ICA0를 이용해서 org0.marketing 조직의 네트워크 구축 방법을 배워보겠습니다.

> **NOTE**
>
> peer와 orderer 구축은 모든 CA를 구동한 후 앞 절과 동일하기 때문에 생략하고, 이번 절에서는 RCA와 ICA 구동과 ICA0 설정 방법만 다룰 예정입니다.

네트워크 구축에 필요한 호스트 PC의 최소 사양은 다음과 같습니다.

- 메모리: 16GB

- 하드 디스크: 200GB 이상

3.4.1 네트워크 구축

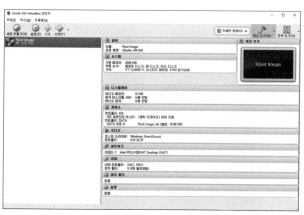

● **루트 가상 머신 실행**

네트워크 노드를 복제하기 전 루트 가상 머신에 Fabric-CA 설치 작업을 수행합니다.

● Fabric-ca 1.3 버전 다운로드 후 컴파일(루트 가상 머신에서 실행)

```
root@Root-Image:~# cd $GOPATH/src/github.com/hyperledger
root@Root-Image:~/gopath/src/github.com/hyperledger# git clone -b release-1.3↲
https://github.com/hyperledger/fabric-ca
root@Root-Image:~/gopath/src/github.com/hyperledger# cd fabric-ca
root@Root-Image:~/gopath/src/github.com/hyperledger/fabric-ca# make fabric-↲
ca-server
root@Root-Image:~/gopath/src/github.com/hyperledger/fabric-ca# make fabric-↲
ca-client
```

컴파일까지 정상적으로 마쳤다면 다음으로 Fabric-ca에 관한 환경변수를 추가해 줍니다.

● Fabric-ca 환경변수 설정(루트 가상 머신에서 실행)

```
gedit /etc/profile
```

● /etc/profile

파일 하단에 다음과 같이 입력합니다.
```
export PATH=$PATH:$GOPATH/src/github.com/hyperledger/fabric-ca/bin
```

설정한 환경변수를 시스템에 업데이트합니다.

● 환경변수 적용

```
root@Root-Image:~# source /etc/profile
```

Fabric-ca 설치가 잘 완료됐는지 확인해 보겠습니다. fabric-ca-server와 fabric-ca-client 명령어를 입력했을 때 다음과 같이 Fabric-ca 옵션과 관련된 메시지가 출력된다면 설치가 정상적으로 완료된 것입니다.

```
root@Root-Image:~/gopath/src/github.com/hyperledger/fabric-ca# fabric-ca-server
Hyperledger Fabric Certificate Authority Server

Usage:
 fabric-ca-server [command]

Available Commands:
 init       Initialize the fabric-ca server
 start      Start the fabric-ca server
 version    Prints Fabric CA Server version

Flags:
    --address string                     Listening address of fabric-ca-server (default "0.0.0.0")
 -b, --boot string                       The user:pass for bootstrap admin which is required to build default config file
    --ca.certfile string                 PEM-encoded CA certificate file (default "ca-cert.pem")
    --ca.chainfile string                PEM-encoded CA chain file (default "ca-chain.pem")
    --ca.keyfile string                  PEM-encoded CA key file
 -n, --ca.name string                    Certificate Authority name
    --cacount int                        Number of non-default CA instances
    --cafiles stringSlice                A list of comma-separated CA configuration files
    --cfg.affiliations.allowremove       Enables removal of affiliations dynamically
    --cfg.identities.allowremove         Enables removal of identities dynamically
    --crl.expiry duration                Expiration for the CRL generated by the gencrl request (default 24h0m0s)
    --crlsizelimit int                   Size limit of an acceptable CRL in bytes (default 512000)
    --csr.cn string                      The common name field of the certificate signing request to a parent fabric-ca-server
    --csr.hosts stringSlice              A list of space-separated host names in a certificate signing request to a parent fabric-ca-server
    --csr.keyrequest.algo string         Specify key algorithm
    --csr.keyrequest.size int            Specify key size
    --csr.serialnumber string            The serial number in a certificate signing request to a parent fabric-ca-server
    --db.datasource string               Data source which is database specific (default "fabric-ca-server.db")
    --db.tls.certfiles stringSlice       A list of comma-separated PEM-encoded trusted certificate files (e.g. root1.pem,root2.pem)
    --db.tls.client.certfile string      PEM-encoded certificate file when mutual authenticate is enabled
    --db.tls.client.keyfile string       PEM-encoded key file when mutual authentication is enabled
    --db.type string                     Type of database; one of: sqlite3, postgres, mysql (default "sqlite3")
 -d, --debug                             Enable debug level logging
 -H, --home string                       Server's home directory (default ".")
    --idemix.nonceexpiration string      Duration after which a nonce expires (default "15s")
    --idemix.noncesweepinterval string   Interval at which expired nonces are deleted (default "15m")
    --idemix.rhpoolsize int              Specifies revocation handle pool size (default 100)
    --intermediate.enrollment.label string      Label to use in HSM operations
    --intermediate.enrollment.profile string    Name of the signing profile to use in issuing the certificate
    --intermediate.enrollment.type string       The type of enrollment request: 'x509' or 'idemix' (default "x509")
    --intermediate.parentserver.caname string   Name of the CA to connect to on fabric-ca-server
 -u, --intermediate.parentserver.url string     URL of the parent fabric-ca-server (e.g. http://<username>:<password>@<address>:<port>)
    --intermediate.tls.certfiles stringSlice     A list of comma-separated PEM-encoded trusted certificate files (e.g. root1.pem,root2.pem)
```

● **fabric-ca-server 명령어 실행 화면**

```
root@Root-Image:~/gopath/src/github.com/hyperledger/fabric-ca# fabric-ca-client
Hyperledger Fabric Certificate Authority Client

Usage:
 fabric-ca-client [command]

Available Commands:
 affiliation  Manage affiliations
 certificate  Manage certificates
 enroll       Enroll an identity
 gencrl       Generate a CRL
 gencsr       Generate a CSR
 getcainfo    Get CA certificate chain and Idemix public key
 identity     Manage identities
 reenroll     Reenroll an identity
 register     Register an identity
 revoke       Revoke an identity
 version      Prints Fabric CA Client version

Flags:
    --caname string                 Name of CA
    --csr.cn string                 The common name field of the certificate signing request
    --csr.hosts stringSlice         A list of space-separated host names in a certificate signing request
    --csr.keyrequest.algo string    Specify key algorithm
    --csr.keyrequest.size int       Specify key size
    --csr.names stringSlice         A list of comma-separated CSR names of the form <name>=<value> (e.g. C=CA,O=Org1)
    --csr.serialnumber string       The serial number in a certificate signing request
 -d, --debug                        Enable debug level logging
    --enrollment.attrs stringSlice  A list of comma-separated attribute requests of the form <name>[:opt] (e.g. foo,bar:opt)
    --enrollment.label string       Label to use in HSM operations
    --enrollment.profile string     Name of the signing profile to use in issuing the certificate
    --enrollment.type string        The type of enrollment request: 'x509' or 'idemix' (default "x509")
 -H, --home string                  Client's home directory (default "/root/.fabric-ca-client")
    --id.affiliation string         The identity's affiliation
    --id.attrs stringSlice          A list of comma-separated attributes of the form <name>=<value> (e.g. foo=foo1,bar=bar1)
    --id.maxenrollments int         The maximum number of times the secret can be reused to enroll (default CA's Max Enrollment)
    --id.name string                Unique name of the identity
    --id.secret string              The enrollment secret for the identity being registered
    --id.type string                Type of identity being registered (e.g. 'peer, app, user') (default "client")
 -M, --mspdir string                Membership Service Provider directory (default "msp")
 -m, --myhost string                Hostname to include in the certificate signing request during enrollment (default "Root-Image")
 -a, --revoke.aki string            AKI (Authority Key Identifier) of the certificate to be revoked
 -e, --revoke.name string           Identity whose certificates should be revoked
 -r, --revoke.reason string         Reason for revocation
 -s, --revoke.serial string         Serial number of the certificate to be revoked
    --tls.certfiles stringSlice     A list of comma-separated PEM-encoded trusted certificate files (e.g. root1.pem,root2.pem)
    --tls.client.certfile string    PEM-encoded certificate file when mutual authenticate is enabled
```

● **fabric-ca-client 실행 화면**

루트 가상 머신을 종료한 후 3.2절과 같이 이미지 복제 기능을 통해 하이퍼레저 패브릭
네트워크 노드를 생성합니다.

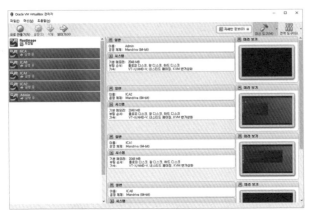

● 이미지 복제를 통한 네트워크 노드 생성

앞의 그림과 같이 루트 가상 머신을 복제하여 네트워크 구축에 필요한 5개의 노드를 생성해 줍니다(RCA, ICA0~2, Admin).

다음으로, 네트워크 노드의 Hostname을 설정하겠습니다. 모든 노드에 다음 작업을 수행합니다.

● hostname 및 hosts 파일 설정(모든 노드에 설정)

```
root@Root-Image:~# gedit /etc/hostname
호스트 이름(RCA, ICA0···)으로 변경 후 재시작
root@Root-Image:~# reboot
```

다음으로, 생성한 가상 머신들을 실행하여 모든 노드에 IP 주소를 설정합니다. 앞 절과 마찬가지로 2개의 랜 카드 중 IP가 설정되어 있지 않은 랜 카드(호스트 전용 어댑터)에 IP를 입력하고, IP가 설정되어 있는 랜 카드(NAT)는 비활성화시켜 줍니다. IP 설정을 완료했으면 다음과 같이 모든 노드에 통신이 가능한지 확인합니다.

```
root@RCA:~/testnet# ping 10.0.1.10
PING 10.0.1.10 (10.0.1.10) 56(84) bytes of data.
64 bytes from 10.0.1.10: icmp_seq=1 ttl=64 time=0.169 ms
64 bytes from 10.0.1.10: icmp_seq=2 ttl=64 time=0.127 ms
^C
--- 10.0.1.10 ping statistics ---
2 packets transmitted, 2 received, 0% packet loss, time 1015ms
rtt min/avg/max/mdev = 0.127/0.148/0.169/0.021 ms
root@RCA:~/testnet# ping 10.0.1.11
PING 10.0.1.11 (10.0.1.11) 56(84) bytes of data.
64 bytes from 10.0.1.11: icmp_seq=1 ttl=64 time=0.224 ms
64 bytes from 10.0.1.11: icmp_seq=2 ttl=64 time=0.134 ms
^C
--- 10.0.1.11 ping statistics ---
2 packets transmitted, 2 received, 0% packet loss, time 1021ms
rtt min/avg/max/mdev = 0.134/0.179/0.224/0.045 ms
root@RCA:~/testnet# ping 10.0.1.20
PING 10.0.1.20 (10.0.1.20) 56(84) bytes of data.
64 bytes from 10.0.1.20: icmp_seq=1 ttl=64 time=0.148 ms
64 bytes from 10.0.1.20: icmp_seq=2 ttl=64 time=0.414 ms
^C
--- 10.0.1.20 ping statistics ---
2 packets transmitted, 2 received, 0% packet loss, time 1029ms
rtt min/avg/max/mdev = 0.148/0.281/0.414/0.133 ms
root@RCA:~/testnet# ping 10.0.1.30
PING 10.0.1.30 (10.0.1.30) 56(84) bytes of data.
64 bytes from 10.0.1.30: icmp_seq=1 ttl=64 time=0.158 ms
64 bytes from 10.0.1.30: icmp_seq=2 ttl=64 time=0.963 ms
^C
--- 10.0.1.30 ping statistics ---
2 packets transmitted, 2 received, 0% packet loss, time 1021ms
rtt min/avg/max/mdev = 0.158/0.560/0.963/0.403 ms
root@RCA:~/testnet#
```

● Ping 테스트 완료

3.4.2 Root CA 구동

네트워크 구축을 완료했으면 다음으로 Root CA(RCA)를 구동합니다.

● RCA 구동(RCA 노드에서 실행)

```
root@RCA:~# mkdir testnet
root@RCA:~# cd testnet
root@RCA:~/testnet# fabric-ca-server start -b admin:adminpw --cfg.affiliations.↲
allowremove --cfg.identities.allowremove -d
```

다음으로, 터미널을 하나 더 실행해서 RCA 구동 후 생성된 파일을 확인합니다.

● RCA 구동 후 생성된 파일 확인(RCA 노드에서 실행)

```
root@RCA:~/testnet# ls
ca-cert.pem fabric-ca-server-config.yaml fabric-ca-server.db IssuerPublicKey↲
```

```
IssuerRevocationPublicKey msp
root@RCA:~/testnet#
```

CA 디지털 인증서, MSP, fabric-ca 설정 파일 등이 생성된 것을 확인할 수 있습니다. 다음으로, Intermediate CA(ICA) 등록을 위해 RCA 운영자 생성 권한이 담긴 MSP를 생성하겠습니다. 먼저, RCA 운영자 권한 MSP를 저장할 디렉터리를 생성한 후, RCA를 구동할 때 설정한 ID와 PASSWORD를 사용하여 RCA 운영자 MSP를 생성하겠습니다.

● RCA 운영자 MSP 생성(RCA 노드에서 실행)

```
root@RCA:~/testnet# mkdir /root/testnet/RCA-cert
root@RCA:~/testnet# fabric-ca-client enroll -u http://admin:adminpw@↵
localhost:7054 -H /root/testnet/RCA-cert
```

> **NOTE**
>
> 3.3.3절에서는 개별 노드(admin@ordererorg0)에 운영자 권한 MSP를 생성하였지만, 이번 절에 서는 localhost 주소로 Fabric-ca 서버 내에 운영자 권한 MSP를 생성하였습니다.

tree 명령어를 이용하여 RCA 운영자 MSP가 생성된 것을 확인합니다.

● RCA 운영자 MSP 생성 확인(RCA 노드에서 실행)

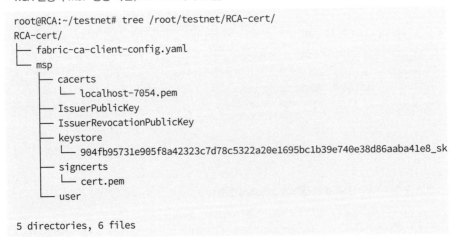

```
root@RCA:~/testnet# tree /root/testnet/RCA-cert/
RCA-cert/
├── fabric-ca-client-config.yaml
└── msp
    ├── cacerts
    │   └── localhost-7054.pem
    ├── IssuerPublicKey
    ├── IssuerRevocationPublicKey
    ├── keystore
    │   └── 904fb95731e905f8a42323c7d78c5322a20e1695bc1b39e740e38d86aaba41e8_sk
    ├── signcerts
    │   └── cert.pem
    └── user

5 directories, 6 files
```

Fabric-CA 명령어 실행 후 CA가 구동 중인 터미널의 로그를 확인하면 시스템을 학습하는 데 더욱 도움이 될 것입니다.

3.3절과 마찬가지로 초깃값으로 설정되어 있는 조직을 제거한 후 예제 네트워크 구성에 맞게 조직을 추가해 줍니다.

● 기본 설정 조직 제거 및 새로운 조직 추가(RCA 노드에서 실행)

```
root@RCA:~/testnet# fabric-ca-client -H RCA-cert/ affiliation list
affiliation: .
    affiliation: org2
        affiliation: org2.department1
    affiliation: org1
        affiliation: org1.department1
        affiliation: org1.department2
기존 조직 제거
root@RCA:~/testnet# fabric-ca-client -H /root/testnet/RCA-cert/ affiliation↳
remove --force org1
root@RCA:~/testnet# fabric-ca-client -H /root/testnet/RCA-cert/ affiliation↳
remove --force org2
새로운 조직 추가
root@RCA:~/testnet# fabric-ca-client -H /root/testnet/RCA-cert/ affiliation add org0
root@RCA:~/testnet# fabric-ca-client -H /root/testnet/RCA-cert/ affiliation add org1
root@RCA:~/testnet# fabric-ca-client -H /root/testnet/RCA-cert/ affiliation add org2
새로 추가된 조직 확인
root@RCA:~/testnet# fabric-ca-client -H /root/testnet/RCA-cert/ affiliation list
affiliation: .
    affiliation: org0
    affiliation: org1
    affiliation: org2
```

다음으로, ICA 구동을 위해 org0.marketing, org0.sales, org0.mobile 조직의 ICA 계정을 등록하겠습니다.

● RCA-cert/fabric-ca-client-config.yaml 파일 수정(RCA 노드에서 실행)

```
root@RCA:~/testnet# gedit /root/testnet/RCA-cert/fabric-ca-client-config.yaml
```

- 127번째 줄 'id:' 항목에 아래 내용 입력

```
id:
  name: Admin@org0-marketing
  type: client
  affiliation: org0
  maxenrollments: 0
  attributes:
    - name: hf.Registrar.Roles
      value: client,orderer,peer,user
    - name: hf.Registrar.DelegateRoles
      value: client,orderer,peer,user
    - name: hf.Registrar.Attributes
      value: "*"
    - name: hf.GenCRL
      value: true
    - name: hf.Revoker
      value: true
    - name: hf.AffiliationMgr
      value: true
    - name: hf.IntermediateCA
      value: true
    - name: role
      value: admin
      ecert: true
```

수정한 fabric-ca-client-config.yaml 파일을 종료한 후 org0.marketing 조직의 ICA 계정을 등록합니다.

- org0.marketing ICA 계정 등록(RCA 노드에서 실행)

```
root@RCA:~/testnet# fabric-ca-client register -H /root/testnet/RCA-cert --id.↲
secret=org0marketingpw
```

위 작업을 반복하여 org0.sales 조직과 org0.mobile 조직의 ICA 계정도 등록하겠습니다.

- RCA-cert/fabric-ca-client-config.yaml 파일 수정(RCA 노드에서 실행)

```
root@RCA:~/testnet# gedit RCA-cert/fabric-ca-client-config.yaml
앞서 입력한 127번째 줄 'id:' 항목 내용 중 2번째 줄을 org0-sales로 변경
```

- org0.sales ICA 계정 등록(RCA 노드에서 실행)

```
root@RCA:~/testnet# fabric-ca-client register -H /root/testnet/RCA-cert --id.↲
secret=org0salespw
```

- RCA-cert/fabric-ca-client-config.yaml 파일 수정(RCA 노드에서 실행)

```
root@RCA:~/testnet# gedit RCA-cert/fabric-ca-client-config.yaml
```
앞서 입력한 127번째 줄 'id:' 항목 내용 중 2번째 줄을 org0-mobile로 변경

- org0.mobile ICA 계정 등록(RCA 노드에서 실행)

```
root@RCA:~/testnet# fabric-ca-client register -H /root/testnet/RCA-cert --id.↲
secret=org0mobilepw
```

이로써 ICA 계정 등록이 모두 완료됐습니다. 다음의 명령어를 통해 현재 RCA에 등록된 계정 목록을 확인할 수 있습니다.

- RCA-cert/fabric-ca-client-config.yaml 파일 수정(RCA 노드에서 실행)

```
root@RCA:~/testnet# fabric-ca-client -H /root/testnet/RCA-cert identity list
```

3.4.3 Intermediate CA 구동

다음으로, 앞 절에서 생성한 ICA 계정을 이용해서 각 조직의 ICA 서버를 구동하겠습니다.

- ICA0 구동(ICA0 노드에서 실행)

```
root@ICA0:~# mkdir /root/testnet
root@ICA0:~# cd /root/testnet
root@ICA0:~/testnet# fabric-ca-server start -b admin:adminpw -u http://Admin@↲
org0-marketing:org0marketingpw@10.0.1.100:7054 --cfg.affiliations.allowremove↲
--cfg.identities.allowremove -d
```

- ICA1 구동(ICA1 노드에서 실행)

```
root@ICA1:~# mkdir /root/testnet
root@ICA1:~# cd /root/testnet
root@ICA1:~/testnet# fabric-ca-server start -b admin:adminpw -u http://Admin@ ⤸
org0-sales:org0salespw@10.0.1.100:7054 -d
```

- ICA2 구동(ICA2 노드에서 실행)

```
root@ICA2:~# mkdir /root/testnet
root@ICA2:~# cd /root/testnet
root@ICA2:~/testnet# fabric-ca-server start -b admin:adminpw -u http://Admin@ ⤸
org0-mobile:org0mobilepw@10.0.1.100:7054 -d
```

터미널을 하나 더 열어서 아래와 같이 ICA 구동 후 생성된 파일을 확인해 보면 RCA
와는 달리 **ca-chain.pem** 파일이 생성된 것을 확인할 수 있습니다.

- ICA0 구동(ICA0 노드에서 실행)

```
root@ICA0:~# cd /root/testnet
root@ICA0:~/testnet# ls
ca-cert.pem  ca-chain.pem  fabric-ca-server-config.yaml  fabric-ca-server.db ⤸
IssuerPublicKey  IssuerRevocationPublicKey  msp
```

ca-chain.pem 인증서 정보는 다음의 명령어를 통해 확인할 수 있습니다.

- ca-chain.pem 인증서 정보 확인(ICA0 노드에서 실행)

```
root@ICA0:~/testnet# openssl x509 -in ca-chain.pem -text
Certificate:
    Data:
        Version: 3 (0x2)
        Serial Number:
            69:f5:42:f6:3e:bb:3c:ec:54:bf:e4:41:c7:ee:9b:5e:f9:03:2d:b4
    Signature Algorithm: ecdsa-with-SHA256
        Issuer: C = US, ST = North Carolina, O = Hyperledger, OU = Fabric, ⤸
CN = fabric-ca-server
        Validity
            Not Before: Oct 16 05:11:00 2018 GMT
            Not After : Oct 15 05:16:00 2023 GMT
```

```
        Subject: C = US, ST = North Carolina, O = Hyperledger, OU = client + ↴
    OU = org0, CN = Admin@org0-marketing
        Subject Public Key Info:
            Public Key Algorithm: id-ecPublicKey
                Public-Key: (256 bit)
                pub:
                    04:c9:31:84:59:df:41:ec:2e:b3:01:46:92:32:6e:
                    58:64:ac:23:46:d0:dc:ed:5d:1f:1b:48:15:0d:b2:
                    48:5f:01:fa:81:f6:cf:ba:83:bc:a8:80:c6:fb:67:
                    b1:18:d0:f1:7e:36:c2:8f:bf:0c:0e:34:63:9c:24:
                    04:f2:f1:aa:a8
                ASN1 OID: prime256v1
                NIST CURVE: P-256
        X509v3 extensions:
            X509v3 Key Usage: critical
                Certificate Sign, CRL Sign
            X509v3 Basic Constraints: critical
                CA:TRUE, pathlen:0
            X509v3 Subject Key Identifier:
                4A:17:84:62:DC:F7:8D:E2:69:58:51:0D:9B:AD:1A:C2:CB:78:1C:AC
            X509v3 Authority Key Identifier:
                keyid:72:D8:B8:CE:6D:90:02:26:DB:DE:EC:2B:D3:B6:CE:FD:5F:AB:07:C3


            1.2.3.4.5.6.7.8.1:
                {"attrs":{"hf.Affiliation":"org0","hf.EnrollmentID":"Admin@ ↴
    org0-marketing","hf.Type":"client","role":"admin"}}
        Signature Algorithm: ecdsa-with-SHA256
            30:44:02:20:24:18:7b:51:ad:28:e9:4c:2f:3e:c8:da:ce:7b:
            6f:cc:b6:43:fd:c0:53:00:e7:fc:90:65:a3:82:0a:61:ea:e5:
            02:20:75:f5:f6:a4:bb:e6:70:d7:be:4f:4f:24:62:cc:6c:c2:
            c3:aa:e7:d1:0f:92:14:29:0f:89:67:39:6f:00:a0:61
-----BEGIN CERTIFICATE-----
MIICxjCCAm2gAwIBAgIUafVC9j67POxUv+RBx+6bXvkDLbQwCgYIKoZIzj0EAwIw
aDELMAkGA1UEBhMCVVMxFzAVBgNVBAgTDk5vcnRoIENhcm9saW5hMRQwEgYDVQQK
EwtIeXBlcmxlZGdlcjEPMA0GA1UECxMGRmFicmljMRkwFwYDVQQDExBmYWJyaWMt
Y2Etc2VydmVyMB4XDTE4MTAxNjA1MTEwMFoXDTIzMTAxNTA1MTYwMFoweTELMAkG
A1UEBhMCVVMxFzAVBgNVBAgTDk5vcnRoIENhcm9saW5hMRQwEgYDVQQKEwtIeXBl
cmxlZGdlcjEcMA0GA1UECxMGY2xpZW50MAsGA1UECxMEb3JnMDEdMBsGA1UEAwwU
QWRtaW5Ab3JnMC1tYXJrZXRpbmcwWTATBgcqhkjOPQIBBggqhkjOPQMBBwNCAATJ
MYRZ30HsLrMBRpIyblhkrCNG0NztXR8bSBUNskhfAfqB9s+6g7yogMb7Z7EY0PF+
NsKPvwwONGOcJATy8aqoo4HjMIHgMA4GA1UdDwEB/wQEAwIBBjASBgNVHRMBAf8E
CDAGAQH/AgEAMB0GA1UdDgQWBBRKF4Ri3PeN4mlYUQ2brRrCy3gcrDAfBgNVHSME
GDAWgBRy2LjObZACJtve7CvTts79X6sHwzB6BggqAwQFBgcIAQRueyJhdHRycyI6
eyJoZi5BZmZpbGlhdGlvbiI6Im9yZzAiLCJoZi5FbnJvbGxtZW50SUQiOiJBZG1p
bkBvcmcwLW1hcmtldGluZyIsImhmLlR5cGUiOiJjbGllbnQiLCJyb2xlIjoiYWRt
```

```
aW4ifX0wCgYIKoZIzj0EAwIDRwAwRAIgJBh7Ua0o6UwvPsjazntvzLZD/cBTAOf8
kGWjggph6uUCIHX19qS75nDXvk9PJGLMbMLDqufRD5IUKQ+JZzlvAKBh
-----END CERTIFICATE-----
root@ICA0:~/testnet#
```

ca-chain.pem 인증서 정보를 확인해 보면 2.1.9 'Identity' 절에서 언급했던 X.509 version3 양식에 따라 시리얼 번호, 공개키, 비밀키, 유효 기간 등이 포함된 디지털 인증서가 만들어진 것을 확인할 수 있습니다.

X509v3 Extensions 필드에는 하이퍼레저 패브릭 네트워크의 Attribute 정보가 포함되어 있습니다. 이 책에서는 다루지 않지만 하이퍼레저 패브릭에서는 Attribute 정보를 바탕으로 체인코드 내에 **ABAC(Attribute-Based Access Control)** 기능을 구현하여 사용자 접근 제어를 할 수 있습니다. 참고로, ABAC에 관한 자세한 내용은 하이퍼레저 패브릭 공식 문서에서 확인할 수 있습니다.

다음으로, org0.marketing 조직의 Admin 노드에서 ICA0 운영자 권한 MSP를 가져오는 작업을 수행하겠습니다.

● ICA0 운영자 MSP 생성(Admin 노드에서 실행)

```
root@Admin:~# mkdir -p /root/testnet/ICA0-cert
root@Admin:~# cd /root/testnet/
root@Admin:~/testnet# fabric-ca-client enroll -u http://admin:adminpw↲
@10.0.1.10:7054 -H /root/testnet/ICA0-cert/
```

tree 명령어를 이용하여 ICA0 운영자 권한 MSP가 생성된 것을 확인할 수 있습니다.

● ICA0 운영자 MSP 생성 확인(Admin 노드에서 실행)

```
root@Admin:~/testnet# tree /root/testnet/ICA0-cert/
/root/testnet/ICA0-cert/
├── fabric-ca-client-config.yaml
└── msp
    ├── cacerts
    │   └── 10-0-1-10-7054.pem
    ├── intermediatecerts
```

```
        └── 10-0-1-10-7054.pem
    ── IssuerPublicKey
    ── IssuerRevocationPublicKey
    ── keystore
        └── 4b342863ddd9282cc338af32f72cd81cca9e24e4db84c51082e42522555bb1ca_sk
    ── signcerts
        └── cert.pem
    └── user

6 directories, 7 files
```

마지막으로, 획득한 ICA0 운영자 권한 MSP를 이용해 org0.marketing 조직을 생성하겠습니다.

● 기본 설정 조직 제거 및 새로운 조직 추가(Admin 노드에서 실행)

```
root@Admin:~/testnet# fabric-ca-client -H /root/testnet/ICA0-cert/ ⤶
affiliation remove --force org1
root@Admin:~/testnet# fabric-ca-client -H /root/testnet/ICA0-cert/ ⤶
affiliation remove --force org2
root@Admin:~/testnet# fabric-ca-client -H /root/testnet/ICA0-cert/ ⤶
affiliation add --force org0.marketing
root@Admin:~/testnet# fabric-ca-client -H /root/testnet/ICA0-cert/ ⤶
affiliation list
affiliation: org0
    affiliation: org0.marketing
```

이로써 Admin 노드에서 peer, orderer, user 등 org0.marketing 조직에 필요한 계정을 등록하면, 등록된 계정을 이용하여 각 노드에 필요한 MSP를 획득한 후 네트워크를 구축할 수 있습니다. 나머지 조직들도 같은 방법으로 네트워크를 구축할 수 있습니다.

프라이빗 데이터

2장에서 하이퍼레저 패브릭의 채널을 배웠습니다. 채널은 하이퍼레저 패브릭의 구성원 중 같은 채널에 있는 구성원 간에만 정보를 교환할 수 있으며, 서로 다른 채널에 있는 분산원장은 접근할 수 없도록 하여 프라이버시를 보장해 준다고 설명했었습니다. 그렇다면 같은 채널에 있는 구성원 중 특정 구성원 간에만 정보를 교환하고 싶을 때 프라이버시 보장은 어떻게 할 수 있을까요? 대다수의 독자는 아마 채널 한 개를 더 생성하여 정보를 교환할 수 있다고 생각하셨을 것입니다. 맞습니다. 채널을 하나 더 생성하여 원하는 구성원들 간에 정보를 교환할 수 있는 그룹을 하나 더 만들면 됩니다. 하지만 이러한 방법은 시스템 운영에 대한 부담을 증가시키고 시스템 성능에도 영향을 미칠 수 있습니다.

같은 채널에 속한 구성원들 간에 프라이버시를 보장하기 위해 하이퍼레저 패브릭 v1.2부터 **프라이빗 데이터**(PDC(Private Data Collection))이라는 기능을 추가하였습니다. 이번 절에서는 프라이빗 데이터 콜렉션의 구조와 기능을 살펴본 후 하이퍼레저 패브릭 시스템에서 어떻게 동작하는지 알아보겠습니다.

프라이빗 데이터 콜렉션은 다음과 같이 크게 두 가지 구성요소로 나누어질 수 있습니다.

- **프라이빗 데이터**: 프라이빗 데이터(private data)는 오직 데이터 열람이 허가된 peer(Authorized peer)만이 내용을 확인할 수 있습니다. 일반 트랜잭션과는 달리 프라이빗 데이터는 블록을 통해서 모든 peer에게 전달되는 것이 아니라 **peer-to-peer** 프로토콜을 통해 Authorized peer에게만 전달됩니다. 프라이빗 데이터를 전달받은 Authorized peer는 임시 데이터 저장소(transient data store)에 해당 데이터를 잠시 저장한 후 블록 검증 과정을 통해 자신의 SideDB에 해당 데이터를 저장합니다.

- **프라이빗 데이터 해시값**: 프라이빗 데이터 대신에 해시값이 원장에 기록되며, Authorized peer뿐만 아니라 동일한 채널의 모든 peer들이 프라이빗 데이터 해시값을 확인할 수 있습니다. 보증/검증 과정에서 프라이빗 데이터 대신에 해시값을 사용합니다.

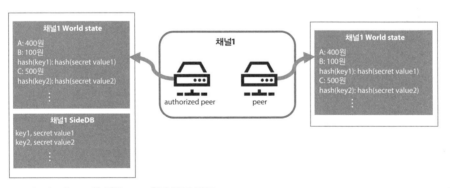

● **Authorized peer와 일반 peer 원장 구조 비교**

위의 그림에서 보는 바와 같이 채널 원장에는 프라이빗 데이터의 해시값만 저장되며, SideDB에 프라이빗 데이터를 복호화할 수 있는 키(key)가 저장됩니다. SideDB에 접근 가능한 authorized peer는 프라이빗 데이터 해시값의 키를 이용해 채널 원장에 저장된 프라이빗 데이터를 열람할 수 있는 반면, 해시를 복호화할 수 있는 키가 없는 peer는 프라이빗 데이터를 열람할 수 없습니다.

4.2 프라이빗 데이터 콜렉션 사용 예시

이번 절에서는 하이퍼레저 패브릭 공식 문서에 나와 있는 프라이빗 데이터 콜렉션 사용 예시를 한번 살펴보겠습니다. 우선, 다음과 같이 하나의 채널에 5개의 조직이 구성원으로 속해 있다고 가정해 보겠습니다.

- 농장주: 직접 수확한 농작물을 판매하는 조직
- 특약판매점: 농장주와 독점 계약하여 구매한 농작물을 판매하는 조직
- 수출업체: 특약판매점과 계약하여 농작물을 수출하는 조직
- 도매상: 수출업자로부터 농작물을 구매하여 대리점에 판매하는 조직
- 대리점: 소비자에게 농작물을 판매하는 조직

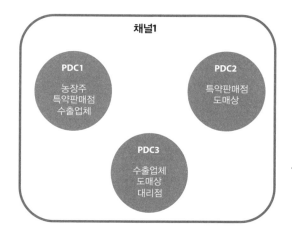

● 프라이빗 데이터 콜렉션(PDC) 사용 예시

특약판매점은 도매상과 대리점은 모르게 농장주와 수출업자와 가격 협상을 하고 싶어 합니다(PDC1). 특약판매점은 도매상과도 다른 조직은 모르게 가격 협상을 하고 싶어 합니다(PDC2). 마지막으로, 도매상 또한 다른 조직은 모르게 수출업자와 대리점과 가격 협상을 하고 싶어 합니다(PDC3). 이러한 경우 총4개의 채널을 생성하여 운영하는 것보다 앞의 그림과 같이 1개의 채널과 3개의 PDC를 만드는 편이 시스템의 유연성, 성능, 관리 등의 측면에서 볼 때 시스템 운영에 더욱 적합합니다.

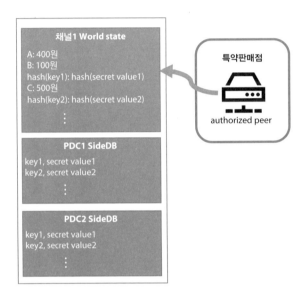

● **2개 이상의 SideDB를 보유한 조직의 Authorized peer**

위의 그림과 같이 특약판매점의 Authorized peer는 2개의 PDC에 속해 있으므로 2개의 SideDB를 가지고 있습니다. 이와 같이 특정 조직의 peer가 복수 개의 PDC에 소속되어 있을 경우 소속된 PDC의 수만큼 SideDB를 가질 수 있습니다.

이번 절에서는 프라이빗 데이터 트랜잭션 처리 과정에 대해서 알아보겠습니다.

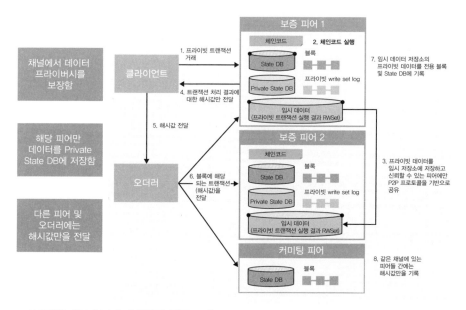

● **프라이빗 데이터 처리 과정(출처: 한국 IBM)**

프라이빗 데이터 트랜잭션 처리 과정은 일반적인 트랜잭션 처리 과정과는 사뭇 다른데, 위 그림과 같이 8단계의 처리 과정을 거친 후 SideDB에 프라이빗 데이터 정보가 저장됩니다.

> **NOTE**
>
> 그림에서 State DB는 world state 데이터베이스이고, Private State DB는 SideDB이며, 임시 데이터는 임시 데이터 저장소(transient data store)입니다. 하이퍼레저 패브릭 문서에서 종종 같은 의미의 단어를 혼용해서 사용하는 경우가 있으니 참고하기 바랍니다.

1. 클라이언트는 프라이빗 트랜잭션 생성 기능이 있는 DApp 등을 통해 보증 피어 1(Endorsing peer1)에게 트랜잭션을 전송합니다. 이때 보증 피어1은 해당 프라이 빗 트랜잭션을 처리할 수 있는 신뢰할 수 있는 피어(Authorized peer)이어야만 합 니다.

2. 보증 피어1은 프라이빗 트랜잭션을 처리하기 위한 체인코드를 실행합니다.

3. 보증 피어1은 프라이빗 데이터와 결괏값(Read/Write set)을 임시 저장소(transient data store)에 저장하고 신뢰할 수 있는 피어에게만 peer-to-peer 프로토콜을 사 용하여 프라이빗 데이터를 공유합니다. 이때 requiredPeerCount에 설정된 수만 큼 다른 신뢰할 수 있는 피어에게 프라이빗 데이터를 전송하지 못하면 클라이 언트에게 에러 메시지를 반환합니다(일종의 보증 정책이라고 생각하면 됩니다).

4. 보증 피어1이 프라이빗 데이터를 requiredPeerCount 수만큼 다른 신뢰할 수 있 는 피어에게 전달하는 데 성공했다면, 프라이빗 트랜잭션 처리 결과에 대한 해 시값을 클라이언트에게 전달합니다.

5. 클라이언트는 프라이빗 트랜잭션 처리 결과에 대한 해시값을 오더러(orderer)에 게 전달합니다.

6. 오더러는 프라이빗 트랜잭션 처리 결과에 대한 해시값을 다른 일반 트랜잭션과 함께 블록에 포함하여 블록을 생성합니다. 이후 블록 검증을 위해 보증 피어 및 커미팅 피어(Committing peer)에게 블록을 전달합니다.

7. 해당 블록을 받은 보증 피어와 커미팅 피어는 블록 검증 과정을 수행합니다. 다만, 신뢰할 수 있는 피어가 아닌 경우 프라이빗 데이터의 해시값에 대한 내용 을 알 수 없는 상태로 블록 검증 작업이 진행됩니다.

8. 마지막으로, 프라이빗 데이터가 포함된 블록을 전달받은 신뢰할 수 있는 피어 는 먼저 collection policy를 확인한 후에 자신이 해당 프라이빗 데이터에 대한 접근 권한이 있는지를 확인합니다. 만약 접근 권한이 있다면, 블록에 포함된 프라이빗 데이터의 해시값과 매칭되는 키를 이용하여 해시값을 해독한 후에 프 라이빗 데이터를 검증하게 됩니다. 만약 검증 과정에 이상이 없다면 프라이빗

데이터는 Private State DB(SideDB)에 저장되고, 임시 데이터 저장소(transient data store)에 저장된 프라이빗 데이터는 삭제됩니다. world state 데이터베이스와 채널의 공용 블록체인에는 프라이빗 데이터의 해시값만 저장됩니다.

4.4 개인정보 관리

개인정보 관리에 대한 사람들의 인식이 달라지면서 2018년 유럽에서는 기업의 사용자 개인정보 관리와 사용에 대한 규제를 더욱 자세하고 엄격하게 개정한 GDPR(일반개인정보보호규정)을 시행하였습니다. GDPR뿐만 아니라 각종 개인정보 유출 사건 등으로 인해 전 세계적으로 개인정보관리에 대한 이슈가 급부상하고 있는데, 하이퍼레저 패브릭 또한 v1.2 버전 이후 개인정보 처리에 대한 기능을 업데이트에 적극 반영하고 있습니다.

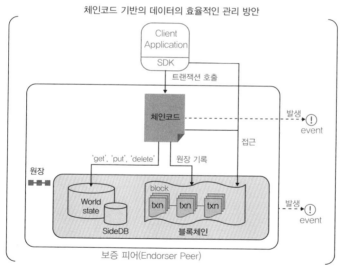

● **하이퍼레저 패브릭 데이터 처리 방식(출처: 한국 IBM)**

2장에서 설명한 바와 같이 World state는 블록체인에 포함되기 전 트랜잭션의 실행 결과를 저장할 수 있는 key-value 방식의 데이터베이스입니다. World state에 저장된 데이터는 삭제/변경이 가능하기 때문에 유효하지 않은 데이터가 있다면 체인코드를 통해서 파기할 수 있습니다. v1.2 버전이 업데이트되면서 SideDB 기능이 추가됐는데, 개인정보 등의 민감한 데이터를 프라이빗 트랜잭션을 통해 전송하여 world state 대신에 SideDB에 저장하여 관리 및 삭제가 가능해졌습니다. v1.3 버전에는 영지식 증명(zero-knowledge proof) 기능이 추가되어 트랜잭션에 대한 익명성이 더욱 강화되었습니다. v1.3 이후 버전에서는 world state 영역뿐만 아니라 블록체인에 있는 데이터에 대한 관리 기능을 추가할 예정이며, 유효한 거래 및 기간을 설정하여 데이터를 관리할 수 있도록 업데이트한 예정입니다.

버추얼박스를 이용한
멀티호스트 VM 네트워크 구성

1대의 PC에서 하이퍼레저 패브릭 실습환경을 구축하기 위해서는 고성능 PC가 필요합니다(특히 메모리!). 이번 절에서는 버추얼박스의 기능을 이용해서 2대 이상의 PC로 하이퍼레저 패브릭 실습환경 구축 방법을 알려드리겠습니다.

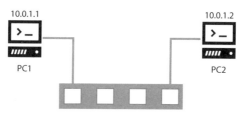

● 물리 네트워크 구성도

먼저, 공유기를 사용해서 위의 그림과 같이 물리 네트워크를 구축하겠습니다. 네트워크 구축 후 Ping을 이용해서 PC 간 정상적으로 통신이 이루어지는지 확인합니다.

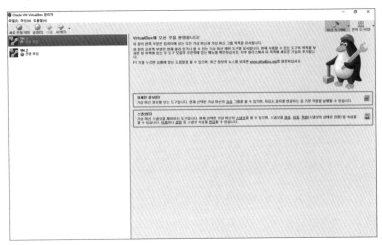

● PC1 VM 생성

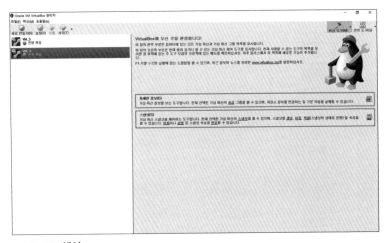

● PC2 VM 생성

다음으로, PC1에는 VM1, VM2를 생성하고 PC2에는 VM3과 VM4를 생성합니다.

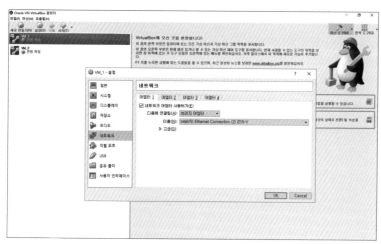

● 브리지 어댑터 설정

다음으로, 서로 다른 PC에 있는 VM 간 통신을 위해 브리지 어댑터를 설정해 줍니다. 위의 설정은 각 PC의 모든 VM에 설정해 주어야 합니다.

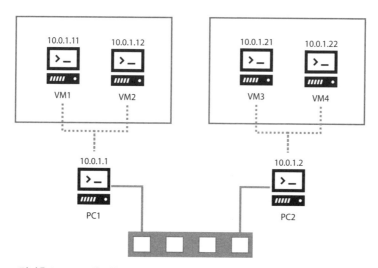

● 멀티호스트 VM 네트워크 구성도

마지막으로, 각 VM들을 실행시켜 위와 같이 IP를 설정해 주고 Ping 테스트를 통해 서로 간의 통신이 가능한지 확인합니다.

Atom 설치 및 사용법 B

부록 B에서는 Github에서 개발한 텍스트 에디터인 Atom을 우
분투 OS에 설치하는 방법과 사용법을 알려드리겠습니다.

● 루트 가상 머신에 Atom 설치

```
root@Root-Image:~# add-apt-repository ppa:webupd8team/atom
root@Root-Image:~# apt-get update
root@Root-Image:~# apt-get install atom
```

설치가 완료되면 다음과 같이 Atom을 실행합니다.

● Atom 실행

```
root@Root-Image:~# atom &
```

● 프로젝트 폴더 추가

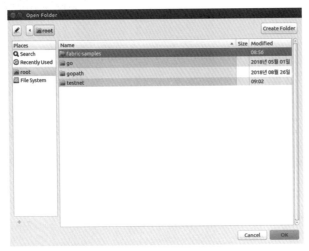

● 추가할 프로젝트 폴더 선택

Atom 실행 후 불필요한 탭들은 모두 닫은 후 왼쪽 상단의 'File' ➡ 'Add Project Folder'를 클릭합니다. 다음으로, 추가할 프로젝트 폴더를 선택한 후 'OK' 버튼을 눌러줍니다.

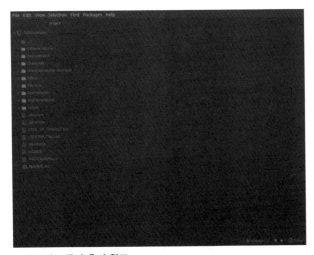

● 프로젝트 폴더 추가 완료

프로젝트 폴더 추가까지 완료했다면 왼쪽에 있는 Project 탭에서 편리하게 파일/디렉터리를 추가하거나 이름을 변경할 수 있습니다.

crypto-config 디렉터리 구조

다음은 3.2절 실습에서의 crypto-config 디렉터리 구조입니다.

● tree 명령어로 디렉터리 구조 확인(client 노드에서 실행)

```
root@CLIENT:~/testnet# tree crypto-config
```

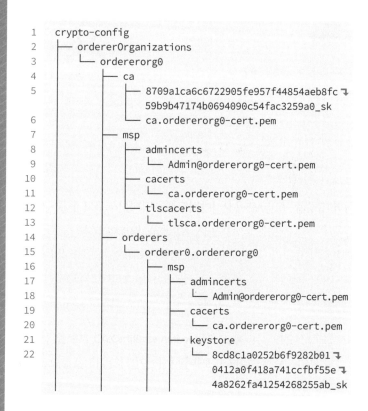

```
1    crypto-config
2    ├── ordererOrganizations
3    │   └── ordererorg0
4    │       ├── ca
5    │       │   ├── 8709a1ca6c6722905fe957f44854aeb8fc ↴
6    │       │   │   59b9b47174b0694090c54fac3259a0_sk
             │   └── ca.ordererorg0-cert.pem
7    │       ├── msp
8    │       │   ├── admincerts
9    │       │   │   └── Admin@ordererorg0-cert.pem
10   │       │   ├── cacerts
11   │       │   │   └── ca.ordererorg0-cert.pem
12   │       │   └── tlscacerts
13   │       │       └── tlsca.ordererorg0-cert.pem
14   │       ├── orderers
15   │       │   └── orderer0.ordererorg0
16   │       │       ├── msp
17   │       │       │   ├── admincerts
18   │       │       │   │   └── Admin@ordererorg0-cert.pem
19   │       │       │   ├── cacerts
20   │       │       │   │   └── ca.ordererorg0-cert.pem
21   │       │       │   ├── keystore
22   │       │       │   │   └── 8cd8c1a0252b6f9282b01 ↴
                                 0412a0f418a741ccfbf55e ↴
                                 4a8262fa41254268255ab_sk
```

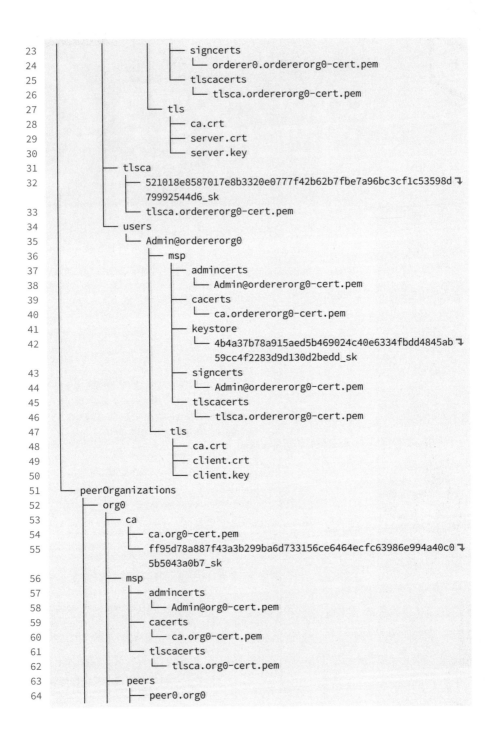

```
23           ├── signcerts
24           │   └── orderer0.ordererorg0-cert.pem
25           └── tlscacerts
26               └── tlsca.ordererorg0-cert.pem
27       └── tls
28           ├── ca.crt
29           ├── server.crt
30           └── server.key
31   ├── tlsca
32   │   ├── 521018e8587017e8b3320e0777f42b62b7fbe7a96bc3cf1c53598d↴
         79992544d6_sk
33   │   └── tlsca.ordererorg0-cert.pem
34   └── users
35       └── Admin@ordererorg0
36           ├── msp
37           │   ├── admincerts
38           │   │   └── Admin@ordererorg0-cert.pem
39           │   ├── cacerts
40           │   │   └── ca.ordererorg0-cert.pem
41           │   ├── keystore
42           │   │   └── 4b4a37b78a915aed5b469024c40e6334fbdd4845ab↴
                 59cc4f2283d9d130d2bedd_sk
43           │   ├── signcerts
44           │   │   └── Admin@ordererorg0-cert.pem
45           │   └── tlscacerts
46           │       └── tlsca.ordererorg0-cert.pem
47           └── tls
48               ├── ca.crt
49               ├── client.crt
50               └── client.key
51   └── peerOrganizations
52       ├── org0
53       │   ├── ca
54       │   │   ├── ca.org0-cert.pem
55       │   │   └── ff95d78a887f43a3b299ba6d733156ce6464ecfc63986e994a40c0↴
                 5b5043a0b7_sk
56       │   ├── msp
57       │   │   ├── admincerts
58       │   │   │   └── Admin@org0-cert.pem
59       │   │   ├── cacerts
60       │   │   │   └── ca.org0-cert.pem
61       │   │   └── tlscacerts
62       │   │       └── tlsca.org0-cert.pem
63       │   ├── peers
64       │   │   ├── peer0.org0
```

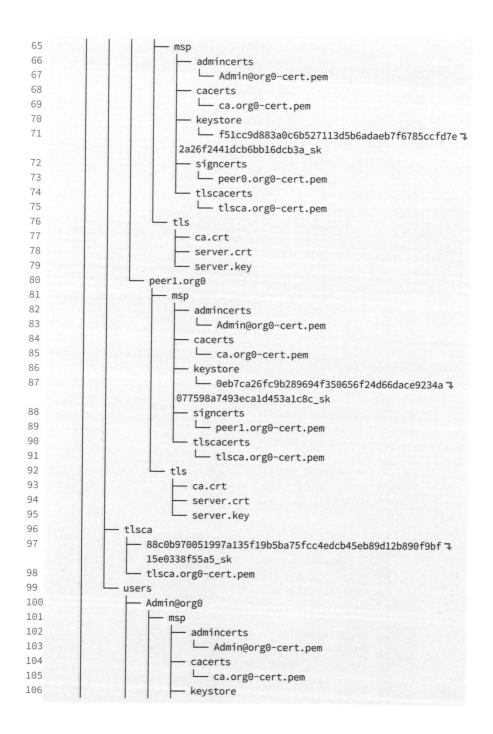

```
65              ├── msp
66                  ├── admincerts
67                  │   └── Admin@org0-cert.pem
68                  ├── cacerts
69                  │   └── ca.org0-cert.pem
70                  ├── keystore
71                  │   └── f51cc9d883a0c6b527113d5b6adaeb7f6785ccfd7e ⬎
                    2a26f2441dcb6bb16dcb3a_sk
72                  ├── signcerts
73                  │   └── peer0.org0-cert.pem
74                  └── tlscacerts
75                      └── tlsca.org0-cert.pem
76              └── tls
77                  ├── ca.crt
78                  ├── server.crt
79                  └── server.key
80          └── peer1.org0
81              ├── msp
82                  ├── admincerts
83                  │   └── Admin@org0-cert.pem
84                  ├── cacerts
85                  │   └── ca.org0-cert.pem
86                  ├── keystore
87                  │   └── 0eb7ca26fc9b289694f350656f24d66dace9234a ⬎
                    077598a7493eca1d453a1c8c_sk
88                  ├── signcerts
89                  │   └── peer1.org0-cert.pem
90                  └── tlscacerts
91                      └── tlsca.org0-cert.pem
92              └── tls
93                  ├── ca.crt
94                  ├── server.crt
95                  └── server.key
96      ├── tlsca
97          ├── 88c0b970051997a135f19b5ba75fcc4edcb45eb89d12b890f9bf ⬎
            15e0338f55a5_sk
98          └── tlsca.org0-cert.pem
99      └── users
100         ├── Admin@org0
101             ├── msp
102                 ├── admincerts
103                 │   └── Admin@org0-cert.pem
104                 ├── cacerts
105                 │   └── ca.org0-cert.pem
106                 ├── keystore
```

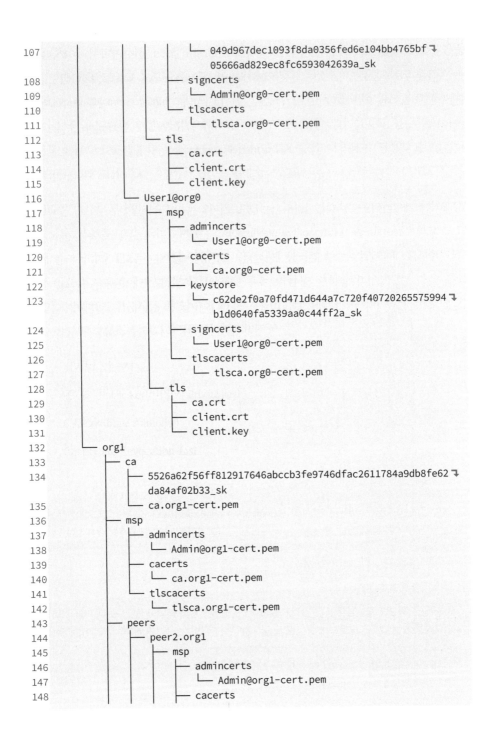
```
107              └── 049d967dec1093f8da0356fed6e104bb4765bf↴
                     05666ad829ec8fc6593042639a_sk
108          ├── signcerts
109          │   └── Admin@org0-cert.pem
110          └── tlscacerts
111              └── tlsca.org0-cert.pem
112      └── tls
113          ├── ca.crt
114          ├── client.crt
115          └── client.key
116  └── User1@org0
117      ├── msp
118      │   ├── admincerts
119      │   │   └── User1@org0-cert.pem
120      │   ├── cacerts
121      │   │   └── ca.org0-cert.pem
122      │   ├── keystore
123      │   │   └── c62de2f0a70fd471d644a7c720f40720265575994↴
                     b1d0640fa5339aa0c44ff2a_sk
124      │   ├── signcerts
125      │   │   └── User1@org0-cert.pem
126      │   └── tlscacerts
127      │       └── tlsca.org0-cert.pem
128      └── tls
129          ├── ca.crt
130          ├── client.crt
131          └── client.key
132  └── org1
133      ├── ca
134      │   ├── 5526a62f56ff812917646abccb3fe9746dfac2611784a9db8fe62↴
                 da84af02b33_sk
135      │   └── ca.org1-cert.pem
136      ├── msp
137      │   ├── admincerts
138      │   │   └── Admin@org1-cert.pem
139      │   ├── cacerts
140      │   │   └── ca.org1-cert.pem
141      │   └── tlscacerts
142      │       └── tlsca.org1-cert.pem
143      ├── peers
144      │   ├── peer2.org1
145      │   │   ├── msp
146      │   │   │   ├── admincerts
147      │   │   │   │   └── Admin@org1-cert.pem
148      │   │   │   ├── cacerts
```

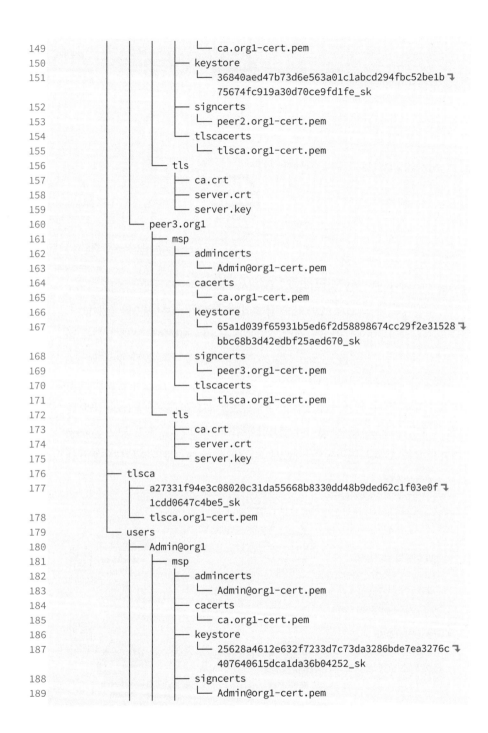

```
149                           └ ca.org1-cert.pem
150                       ┌ keystore
151                       └ 36840aed47b73d6e563a01c1abcd294fbc52be1b ⤵
                              75674fc919a30d70ce9fd1fe_sk
152                       ┌ signcerts
153                       └ peer2.org1-cert.pem
154                       └ tlscacerts
155                       └ tlsca.org1-cert.pem
156                 └ tls
157                   ┌ ca.crt
158                   ┌ server.crt
159                   └ server.key
160           └ peer3.org1
161             ┌ msp
162               ┌ admincerts
163               └ Admin@org1-cert.pem
164               ┌ cacerts
165               └ ca.org1-cert.pem
166               ┌ keystore
167               └ 65a1d039f65931b5ed6f2d58898674cc29f2e31528 ⤵
                      bbc68b3d42edbf25aed670_sk
168               ┌ signcerts
169               └ peer3.org1-cert.pem
170               └ tlscacerts
171               └ tlsca.org1-cert.pem
172             └ tls
173               ┌ ca.crt
174               ┌ server.crt
175               └ server.key
176       ┌ tlsca
177         ┌ a27331f94e3c08020c31da55668b8330dd48b9ded62c1f03e0f ⤵
              1cdd0647c4be5_sk
178         └ tlsca.org1-cert.pem
179       └ users
180         ┌ Admin@org1
181           ┌ msp
182             ┌ admincerts
183             └ Admin@org1-cert.pem
184             ┌ cacerts
185             └ ca.org1-cert.pem
186             ┌ keystore
187             └ 25628a4612e632f7233d7c73da3286bde7ea3276c ⤵
                    407640615dca1da36b04252_sk
188             ┌ signcerts
189             └ Admin@org1-cert.pem
```

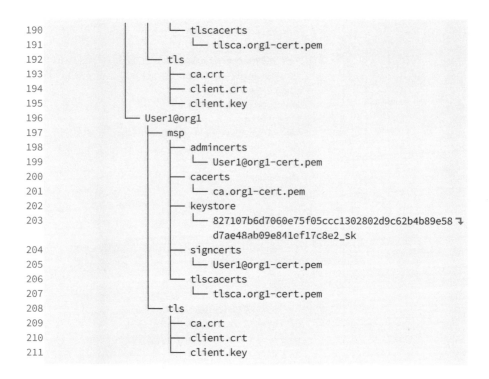

```
190                         └── tlscacerts
191                              └── tlsca.org1-cert.pem
192                    └── tls
193                         ├── ca.crt
194                         ├── client.crt
195                         └── client.key
196            └── User1@org1
197                 ├── msp
198                     ├── admincerts
199                         └── User1@org1-cert.pem
200                     ├── cacerts
201                         └── ca.org1-cert.pem
202                     ├── keystore
203                         └── 827107b6d7060e75f05ccc1302802d9c62b4b89e58 ↴
                              d7ae48ab09e841cf17c8e2_sk
204                     ├── signcerts
205                         └── User1@org1-cert.pem
206                     └── tlscacerts
207                          └── tlsca.org1-cert.pem
208                 └── tls
209                      ├── ca.crt
210                      ├── client.crt
211                      └── client.key
```

찾아보기